Peter Lauster

Teste deine Intelligenz

Spielerisch und unterhaltsam
Mit Auswertungstabellen

20., aktualisierte Auflage

Bibliografische Information der Deutschen Nationalbibliothek
Die Deutsche Nationalbibliothek verzeichnet diese Publikation
in der Deutschen Nationalbibliografie; detaillierte bibliografische Daten
sind im Internet über http://dnb.ddb.de abrufbar.

ISBN 978-3-86910-458-4

Der Autor: Peter Lauster, Diplom-Psychologe und erfolgreicher Sachbuchautor,
leitet die Kölner „Praxis für psychologische Diagnostik und Beratung". Die Ge-
samtauflage seiner psychologischen Sachbücher liegt bei weit über vier Millionen.

Zeichnungen im Innenteil: Graphic Design H.-D. Eich, Köln (nach Vorlagen von
P. Lauster)
Aufgabenanalyse und Teststatistik: U. Fittges

20., aktualisierte Auflage

© 2009 humboldt
Ein Imprint der Schlüterschen Verlagsgesellschaft mbH & Co. KG,
Hans-Böckler-Allee 7, 30173 Hannover
www.schluetersche.de
www.humboldt.de

Covergestaltung: DSP Zeitgeist GmbH, Ettlingen
Innengestaltung: akuSatz Andrea Kunkel, Stuttgart
Titelfoto: frenta/Fotolia
Satz: PER Medien+Marketing GmbH, Braunschweig
Druck: Artpress Druckeri GmbH, A-6600 Höfen

Gedruckt auf Papier aus nachhaltiger Forstwirtschaft.

Inhalt

Einleitung

Dieses Testbuch wurde entwickelt, um einen Intelligenztest zur Selbstauswertung den Leserinnen und Lesern in die Hand geben zu können. Es soll jedermann die Möglichkeit erhalten, einmal in Ruhe zu Hause einen Intelligenztest kennen zu lernen.

Die Testpsychologie hat in den vergangenen Jahren immer mehr an Bedeutung gewonnen, weil immer mehr Firmen dazu übergegangen sind, ihre Bewerber (vor allem für Ausbildungsplätze) umfangreichen Tests zu unterziehen. Für die Zulassung zum Medizinstudium wurde ein Test sogar obligatorisch. Kein Wunder also, dass Tests, die von den psychologischen Fakultäten ursprünglich zur individuellen Beratung entwickelt wurden, heute mittlerweile in einem schlechten Ruf stehen und nicht mehr als ein Hilfsinstrument zur Selbstfindung gesehen werden, sondern als etwas Feindliches.

Sehen Sie diesen Intelligenztest nicht als Gegner, sondern als eine Möglichkeit des Kennenlernens der Testmethode und der Selbsterfahrung von Stärken und Schwächen zum gegenwärtigen Zeitpunkt. Ich betone bewusst „zum gegenwärtigen Zeitpunkt", denn solche Testergebnisse sind nichts Konstantes, sondern etwas Fließendes, das sich verändert

* Siehe auch „Teste Deine Allgemeinbildung" zu den Themen Geschichte,
  Politik, Rechtschreibung, Technik, Philosophie, Kunst & Literatur,
  Geographie, Biologie & Chemie, erschienen bei humboldt.

und weiterentwickelt. Die Körpergröße des ausgewachsenen Menschen bleibt konstant (man ist nicht heute 1,80 m groß und nach einem Jahr 1,95 m); bei der Intelligenz aber ist das anders, sie kann sich durch geistige Impulse und Training verändern. Das heißt: Wenn Sie heute einen IQ von 119 haben, können Sie unter Umständen in zwei Jahren bei 128 liegen.

Es soll Freude machen, das „Werkzeug Denken" einmal selbst zu überprüfen. In diesem Sinne ist Testen ein spielerisches Entdecken der eigenen Fähigkeiten frei von Leistungsdruck. Und vor allem eines möchte ich feststellen: Der IQ entscheidet nicht über ein glückliches Leben, denn er ist nur ein kleiner Teil in einem großen Spektrum. Viel entscheidender für das persönliche Lebensglück und die seelische Gesundheit sind die Offenheit für Neues, geistige Interessiertheit und entfaltete Emotionalität.

Jede Intelligenzleistung ist übrigens sehr störanfällig, das bedeutet, dass Sie mit einem ausgeruhten Nervensystem einen höheren IQ erzielen als im Zustand der Ermüdung oder wenn Sie z. B. durch den Stress ungünstiger Erlebnisse deprimiert sind. Intelligenzleistungen sind also sehr abhängig von der seelischen Gesamtverfassung. Beschäftigen Sie sich mit den Testaufgaben deshalb nur, wenn Sie sich ausgeruht und ausgeglichen fühlen.

Die Testaufgaben beziehen sich auf elementare Grundlagen des logischen Denkens, denn die Intelligenz ist nur ein

Werkzeug des Geistes, mehr nicht. Es wird dabei z. B. nicht die auch sehr wichtige Kreativität erfasst. Sie sollten deshalb nicht annehmen, dass ich die logische Denkleistung als Psychologe überbewerten würde, denn logisches Denken ist nur ein Bereich, daneben sind die soziale Kontaktfähigkeit, die Intuition, die Sensitivität, das Mitgefühl, die Menschenkenntnis und die Fähigkeit zu entspannen genauso wichtig.

Der amerikanische Intelligenzforscher Prof. S. Streufert hat sehr richtig formuliert, dass nicht Intelligenz allein über den Lebenserfolg entscheidet, sondern: „Die Fähigkeit zu merken, wann es nötig ist zu denken und wann es besser ist, den Kopf abzuschalten." Neben der Intelligenz des Kopfes (Denken) ist die „Intelligenz des Herzens" oft viel wichtiger. Leider wird auf der Schule nur eine „formale Kopfintelligenz" geschult und nicht die Herzensintelligenz. In diesem Gesamtzusammenhang sollten Sie also den Sinn dieses Testbuches sehen.

Was ist Intelligenz?

Diese Frage hat die Psychologen auf der ganzen Welt in den letzten 60 Jahren intensiv beschäftigt. Es wurden Theorien und Tests entwickelt und umfangreiche Definitionen versucht. So wurde die Intelligenz immer mehr eingekreist, und schließlich gaben die Amerikaner auf die Frage „Was ist Intelligenz?" die lapidare Antwort: „Intelligenz ist das, was ein Intelligenztest misst."

Das klingt banal. Es ist das Eingeständnis, dass man die Intelligenz nicht messen kann, sondern nur bestimmte Arten der Intelligenz. Man gibt auch zu, dass man die Intelligenz nicht definieren kann, sondern nur bestimmte Sonderformen des intelligenten Denkens. So sieht der augenblickliche Stand der Forschung aus. Nicht sehr berauschend – sagen die Kritiker der Psychologie.

In Wirklichkeit wurde dennoch viel erreicht. Die Psychologen Stanford, Binet und Wechsler haben festgestellt, dass die Intelligenz (geistige Leistungsfähigkeit bei Testaufgaben) unter der Bevölkerung nicht gleichmäßig verteilt ist, sondern nach einem interessanten Gesetz auftritt:
Es gibt wenig sehr dumme Leute (etwa 0,2 %) und gleichfalls wenig extrem Intelligente (auch etwa 0,2 %).

Sehr gering Intelligente und Personen mit sehr guter Intelligenz sind auch selten (jeweils etwa 2,1 %). In der Bevölkerung leben etwa 13,6 % gering Intelligente (IQ zwischen 70 und 85) und gleichfalls etwa 13,6 % hoch Intelligente (IQ zwischen 115 und 130). Durchschnittlich intelligent (IQ zwischen 85 und 115) sind 68,2 % der Bevölkerung. Man nennt diese symmetrische Verteilung Normalverteilung. Die Grafik auf Seite 12 zeigt Ihnen anschaulich, wie der Intelligenzquotient (IQ) in Europa und Amerika unter der Bevölkerung vorkommt.

Die prozentuale Verteilung des IQ

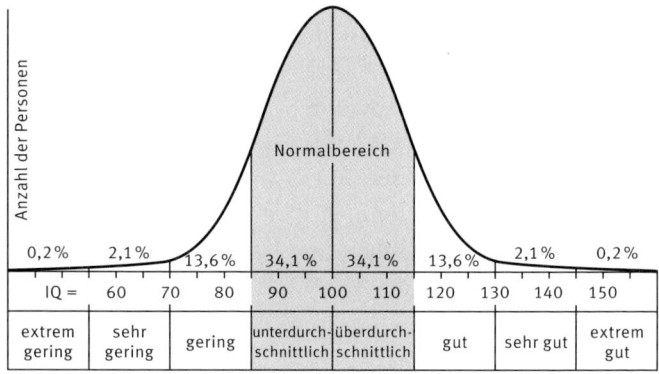

Testen Sie Ihre Intelligenz selbst

Die offiziellen Intelligenztests können Sie nicht kaufen. Sie sind nur für die Hand des Fachpsychologen bestimmt. Auf Seite 138 sind die in Deutschland gebräuchlichsten Intelligenztests aufgeführt.

Wer bisher seinen IQ erfahren wollte, musste zum schulpsychologischen Dienst, zum Arbeitsamt oder die Praxis eines Psychologen aufsuchen. Das ist für viele so unangenehm wie ein Zahnarztbesuch. Jetzt gibt es eine bequemere Möglichkeit: Sie können sich in Ruhe zu Hause selbst testen – mit diesem Testbuch.

So wurde der IQ-Test entwickelt

Weil die offiziellen IQ-Tests urheberrechtlich geschützt sind, haben wir einen neuen Intelligenztest entwickelt. Jede einzelne Aufgabe wurde an Personen zwischen 14 bis 40 Jahren überprüft. Anschließend sortierten wir die zu leichten und zu schweren Aufgaben aus. Nach dieser „Aufgabenanalyse" wurde der Test in seiner endgültigen Fassung festgelegt. Dann konnten die Aufgaben gedruckt und erneut an Personen zwischen 14 und 40 Jahren geprüft werden. Die Leistungen dieser „Versuchspersonen" wurden aufgelistet und statistisch verrechnet. Die Testauswertung basiert auf dieser Stichprobe. Sie finden sie am Schluss des Buchs.

Jetzt können Sie Ihr eigenes Testergebnis mit den Leistungen anderer Personen gleichen Alters oder gleicher Bildungsstufe in einer Denk-Olympiade vergleichen. Sie wissen dann, um wie viele Punkte Ihr Intelligenzquotient höher oder tiefer als der Durchschnitt liegt.

Was misst dieser IQ-Test?

Der Test misst nicht die gesamte Leistungsfähigkeit Ihres Gehirns. Das wäre unmöglich. Dann müssten Sie tagelang nur Tests ausfüllen – so umfangreich und vielseitig sind unsere geistigen Fähigkeiten.

Die Intelligenz ist nur ein Ausschnitt der menschlichen Leistungskapazität, allerdings ein wichtiger Ausschnitt –

vielleicht sogar der Kern. Ein Modell veranschaulicht, welcher Teilbereich mit dem IQ-Test geprüft wird.

Modell der geistigen Fähigkeiten

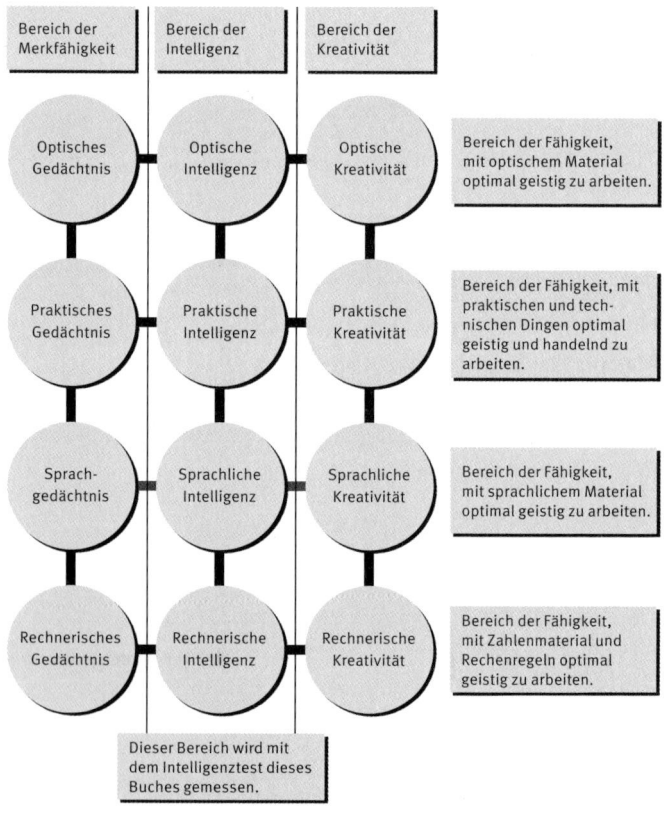

Bereich der Merkfähigkeit | Bereich der Intelligenz | Bereich der Kreativität

Optisches Gedächtnis — Optische Intelligenz — Optische Kreativität
Bereich der Fähigkeit, mit optischem Material optimal geistig zu arbeiten.

Praktisches Gedächtnis — Praktische Intelligenz — Praktische Kreativität
Bereich der Fähigkeit, mit praktischen und technischen Dingen optimal geistig und handelnd zu arbeiten.

Sprach-gedächtnis — Sprachliche Intelligenz — Sprachliche Kreativität
Bereich der Fähigkeit, mit sprachlichem Material optimal geistig zu arbeiten.

Rechnerisches Gedächtnis — Rechnerische Intelligenz — Rechnerische Kreativität
Bereich der Fähigkeit, mit Zahlenmaterial und Rechenregeln optimal geistig zu arbeiten.

Dieser Bereich wird mit dem Intelligenztest dieses Buches gemessen.

Die Intelligenz ist leicht beeinflussbar

Die Intelligenz wird von der seelischen Verfassung stark beeinflusst. Die folgende Grafik zeigt, welche Einflüsse die Intelligenz fördern oder hemmen.

Ein anregendes Klima entsteht durch Interesse, Lob, emotionale Ausgeglichenheit, mittleren Ehrgeiz und körperliche und seelische Gesundheit.

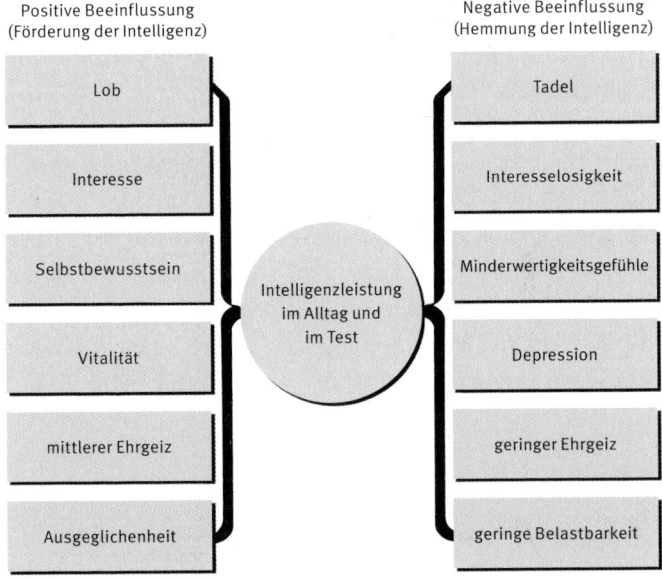

Positive Beeinflussung
(Förderung der Intelligenz)

Negative Beeinflussung
(Hemmung der Intelligenz)

Positive Beeinflussung	Negative Beeinflussung
Lob	Tadel
Interesse	Interesselosigkeit
Selbstbewusstsein	Minderwertigkeitsgefühle
Vitalität	Depression
mittlerer Ehrgeiz	geringer Ehrgeiz
Ausgeglichenheit	geringe Belastbarkeit

Intelligenzleistung im Alltag und im Test

Ein hemmendes Klima entsteht durch Tadel, Interesselosigkeit, geringen Ehrgeiz, Minderwertigkeitsgefühle, Depression sowie körperliche und seelische Krankheit.

Viele Lehrer unterrichten ihre Kinder intelligenzfeindlich. Sie fördern durch Tadel und Strafe ein Klima der Minderwertigkeit, Depression und Interesselosigkeit.

Das soll an einem Beispiel demonstriert werden. Ein Mathematiklehrer erwischte ein Kind, das schlechte Mathenoten hat, als es während des Unterrichts seinen Namen auf ein neues Rechenheft schrieb. Er legte das als Interesselosigkeit am Unterricht aus und erteilte folgende Strafarbeit: „Schreibe zu Hause deinen Namen zwanzigmal auf ein Blatt." Dann rief er das Kind an die Tafel. Es sollte vor der Klasse eine Rechenaufgabe vorrechnen. Der Lehrer drohte, bevor das Kind begann: „Wenn Du die Aufgabe nicht lösen kannst, musst Du Deinen Namen nochmals zwanzigmal schreiben."

Das Kind konnte die Aufgabe vor Angst und innerer Aufregung nicht lösen. Fazit: Es sammelte Aggressionen gegen den Lehrer und das Unterrichtsfach Mathematik. Durch die pädagogisch sinnlose Strafarbeit (vierzigmal den eigenen Namen schreiben) verging wertvolle Zeit, rechnen zu lernen.

Die deutsche Pädagogik arbeitete lange nach dem Motto: Die Prügelstrafe ist abgeschafft, es lebe die Strafarbeit!

Lernfreude wird dadurch zerstört und Interesse im Keim erstickt. Intellektuelle Minderwertigkeitsgefühle entstehen. Dieses Beispiel zeigt, dass die Intelligenzentwicklung in der Schule nicht nur gefördert, sondern auch blockiert werden kann. Das schlägt sich natürlich in den Ergebnissen bei Intelligenztests nieder. Deshalb ist es unmöglich, den wahren IQ zu messen. Man kann nur feststellen, wie viel Intelligenz entwickelt wurde. Die volle Kapazität der geistigen Leistungsfähigkeit wird nur von wenigen Menschen voll ausgeschöpft.

So machen Sie den Test

Der IQ-Test besteht aus zehn Untertests mit vier Intelligenzdimensionen.

Testgruppe 1: Optische Intelligenz

- Figurentest
- Symboltest
- Würfeltest

Testgruppe 2: Praktische Intelligenz

- Legetest
- Formtest
- Ergänzungstest

Testgruppe 3: Sprachliche Intelligenz

- Worttest
- Zuordnungstest
- Satztest

Testgruppe 4: Rechnerische Intelligenz

- Rechentest

Sie müssen alle zehn Untertests machen, damit Sie Ihren IQ berechnen können.

1. Beginnen Sie mit den Tests nur, wenn Sie genügend Zeit haben und nicht unterbrochen werden können, denn jede Störung beeinträchtigt die Aufmerksamkeit, und das Testergebnis wird dadurch verfälscht.

2. Legen Sie eine Uhr in Sichtweite, denn bei einigen Tests müssen Sie eine genaue Zeit einhalten. Damit Sie die Testzeit beachten, finden Sie bei den Zeitangaben diese Uhr als optisches Signal. Wenn Sie die vorgeschriebene Testzeit (in unserem Beispiel: 20 Minuten) überschreiten, ist die Auswertung selbstverständlich nicht mehr exakt.

3. Lesen Sie die Testanweisung bitte aufmerksam durch, damit Sie genau verstehen, wie die Aufgaben gemacht werden müssen.

4. Die einzelnen Aufgaben sind unterschiedlich schwer. Es kommt sicher manchmal vor, dass Sie eine Aufgabe nicht lösen können. Dann sollten Sie nicht verzweifeln, sondern zur nächsten Aufgabe übergehen.

5. Sie sollten die zehn Tests möglichst in der richtigen Reihenfolge von eins bis zehn durchführen.

6. Nur wenn Sie die Testanweisung ehrlich befolgen und ohne unerlaubte Hilfsmittel arbeiten, ist Ihr IQ zutreffend. Wenn Sie mogeln, bemogeln Sie sich selbst.

7. Machen Sie auf keinen Fall alle zehn Untertests an einem Tag. Nach drei Tests ist die Ermüdung bereits so stark, dass Sie Ihre volle Leistungsfähigkeit nicht mehr entfalten können.

8. Die Tests sollen Ihnen Freude machen. Zwingen Sie sich also nicht dazu, wenn Sie einmal keine Lust haben.

9. Testen Sie sich nicht, wenn Sie deprimiert sind, Ärger hatten oder durch viel Arbeit erschöpft sind. Ihr Testergebnis leidet darunter. Ihr IQ wäre in ausgeruhtem Zustand höher.

Testgruppe 1

Besitzen Sie optische Intelligenz?

Die erste Testgruppe besteht aus Aufgaben mit Figuren, Symbolen und Würfeln. Sie sollen zeigen, wie gut Sie Intelligenzprobleme lösen, die vor allem anschauungsgebundenes Denken erfordern. Dazu benötigen Sie Konzentration, logisches Denkvermögen und Denkschnelligkeit.

Die Testgruppe zur optischen Intelligenz besteht aus drei Teilen:

- Figurentest
  Fehlende Figuren sollen ergänzt werden
- Symboltest
  Figuren, die nicht in die Reihe passen, sollen angekreuzt werden
- Würfeltest
  Fehlende Würfel sollen ergänzt werden

Jeder Test wird zuerst an einer Beispielaufgabe genau erklärt. Beginnen Sie jetzt mit dem Figurentest.

Figurentest

Welche Figur fehlt?

Bei den folgenden 20 Aufgaben sollen Sie Regeln erkennen. Jedes Testbild enthält drei Figurenzeilen. In der dritten Zeile fehlt die letzte Figur. Sie sollen die Gesetzmäßigkeit, nach der die Zeilen aufgebaut sind, erkennen – und herausfinden, welche der sechs möglichen Lösungsfiguren (rechts neben dem Testbild) logischerweise an die freie Stelle gehört. Kreuzen Sie den Buchstaben dieser Figur bitte an. Unter den sechs Lösungen ist nur eine richtig.

Im Testbild des Beispiels wechseln drei Figuren in jeder Zeile die Reihenfolge. Sonst bleibt alles konstant. Es fehlt also in der letzten Zeile der Kreis, sodass Figur a die richtige Lösung ist. Beginnen Sie mit der ersten Aufgabe, wenn Ihnen das Testprinzip an dem Beispiel klar geworden ist. Sie haben für die folgenden 20 Aufgaben genau 20 Minuten Zeit. Wenn Sie früher fertig sind, können Sie sofort mit dem Symboltest beginnen. Sollten Sie nach 20 Minuten erst bei Aufgabe 12 oder 15 sein, müssen Sie aufhören, denn die Testzeit soll genau eingehalten werden.

Beispiel

Aufgabe   Lösung

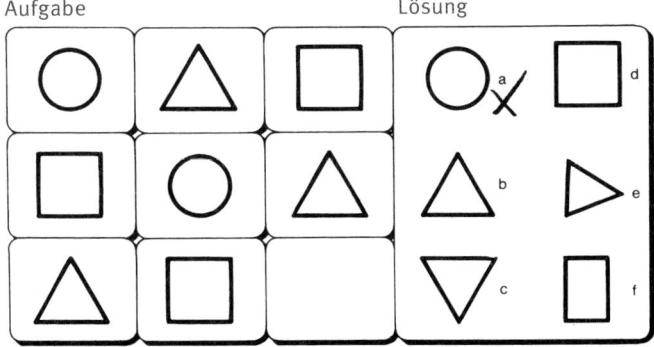

1

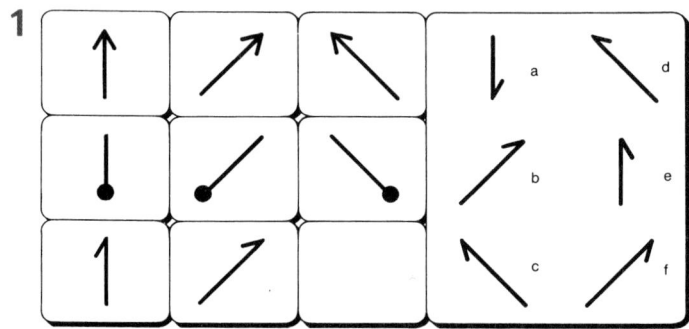

2

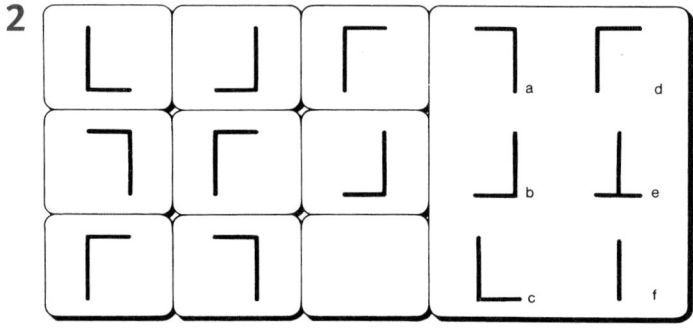

3

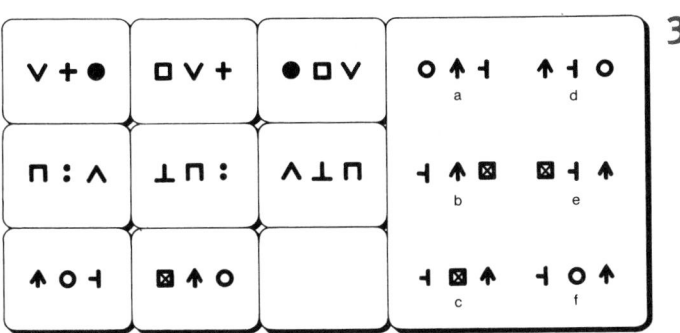

4

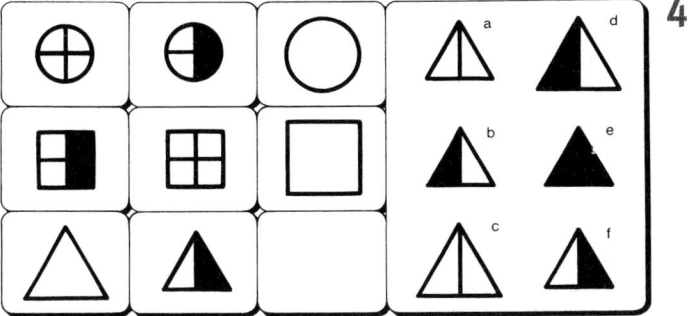

5

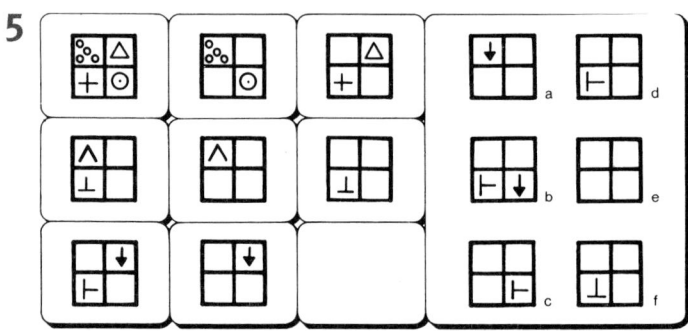

6

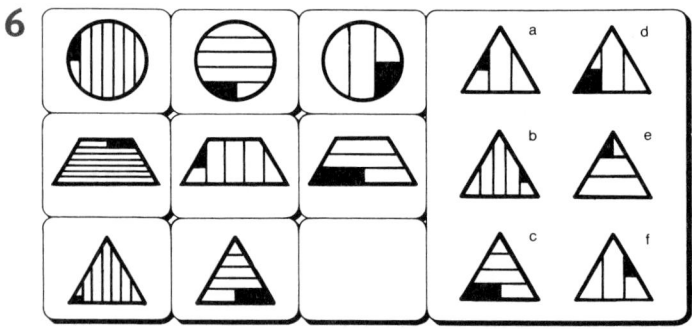

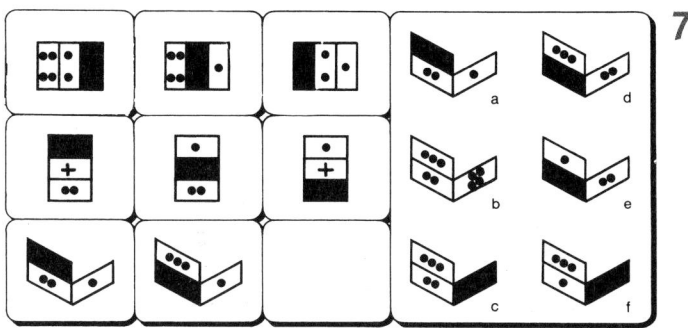

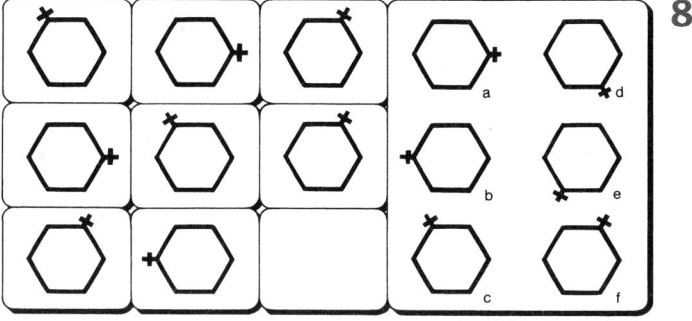

9

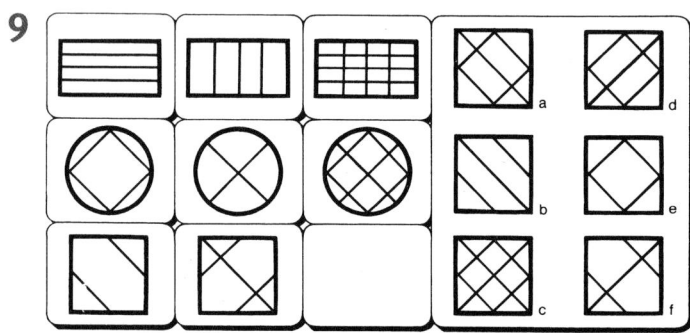

10

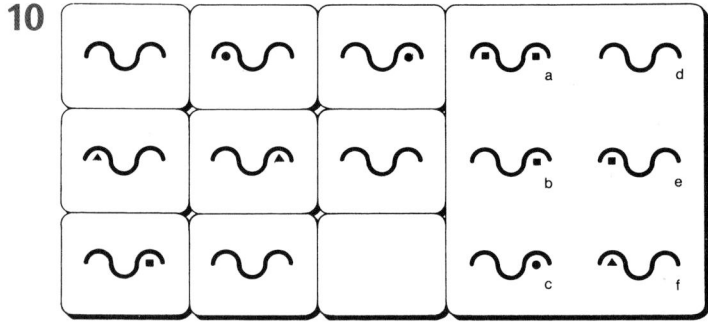

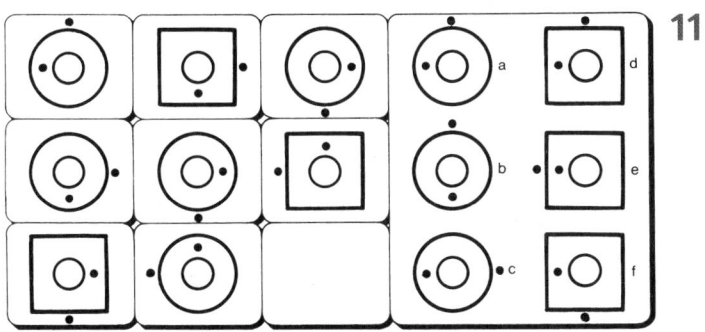

11

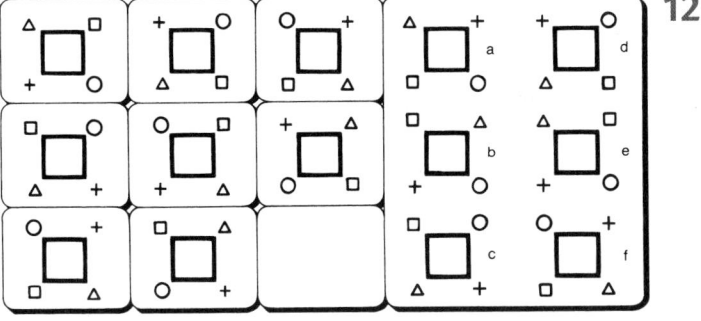

12

13

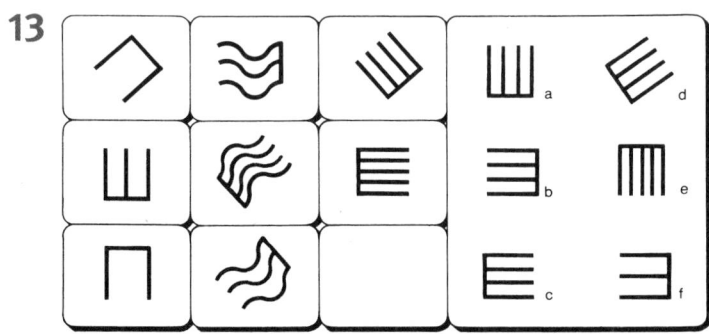

14

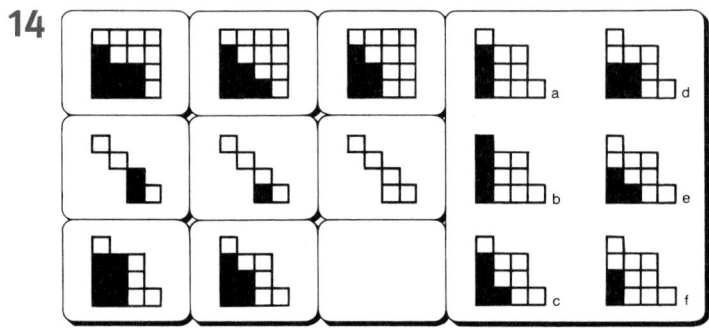

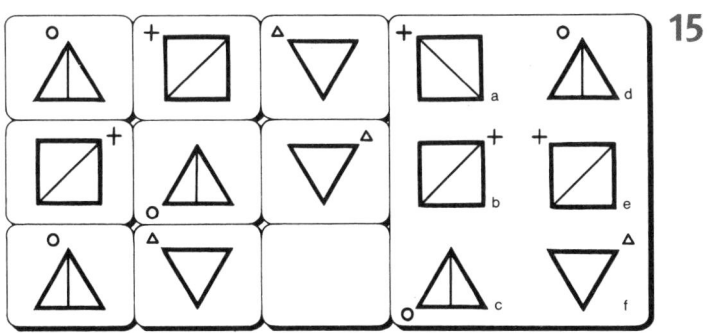

15

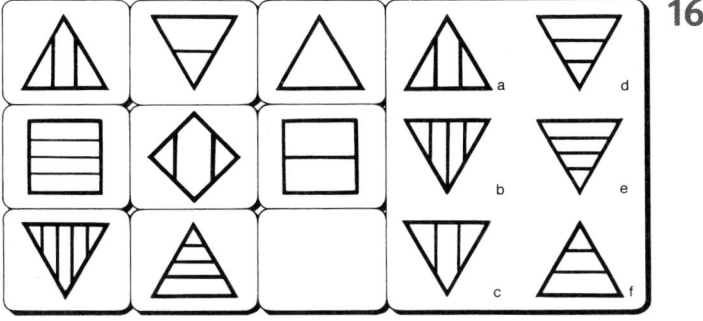

16

17

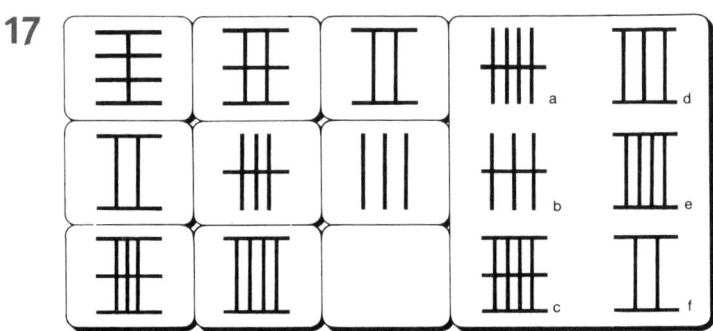

18

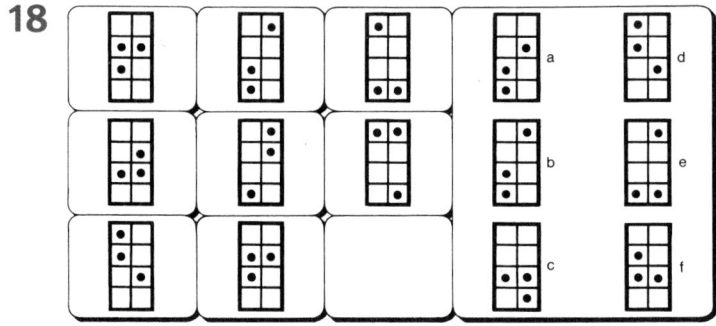

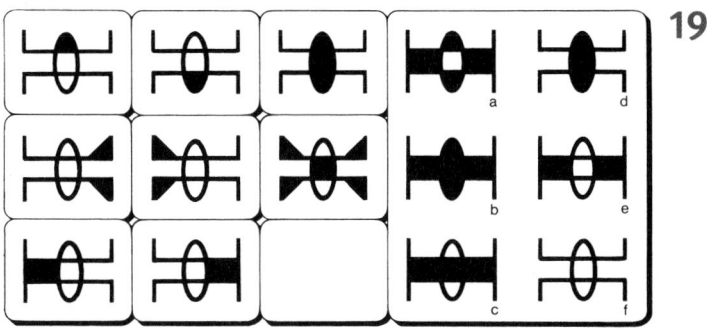

19

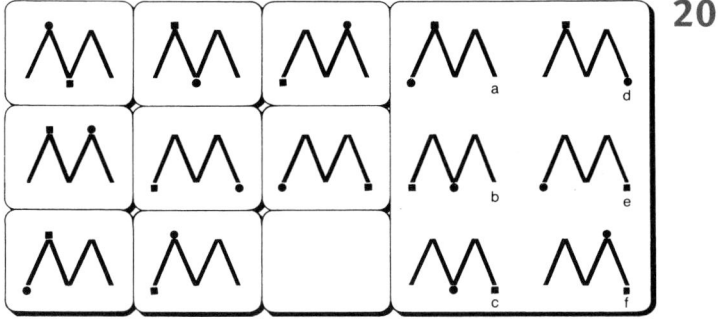

20

Die Punkteauswertung und Lösungen des Figurentests finden Sie auf Seite 43.

Symboltest

Was passt nicht in die Reihe?

In den folgenden fünfzehn Aufgaben finden Sie immer fünf Symbole nebeneinander in einer Reihe. Vier der Symbole lassen sich durch Drehen zur Deckung bringen. Ein Symbol kann man nur durch Umklappen mit den anderen zur Deckung bringen. Kreuzen Sie den Buchstaben (a, b, c, d oder e) dieses Symbols an. Die Beispielaufgabe zeigt, wie der Test gemacht werden soll. Figur d ist umgeklappt. Deshalb wurde d angekreuzt.

Beginnen Sie mit der ersten Aufgabe, wenn Ihnen das Testprinzip an dem Beispiel klar geworden ist. Sie haben für die fünfzehn Aufgaben des Symboltests genau 5 Minuten Zeit. Hören Sie bitte sofort auf, wenn die Testzeit abgelaufen ist.

Beispiel

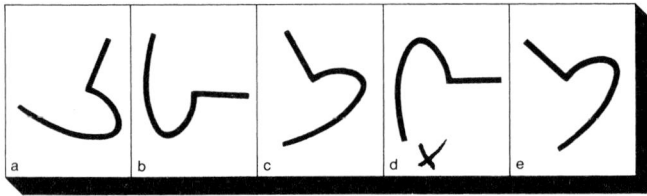

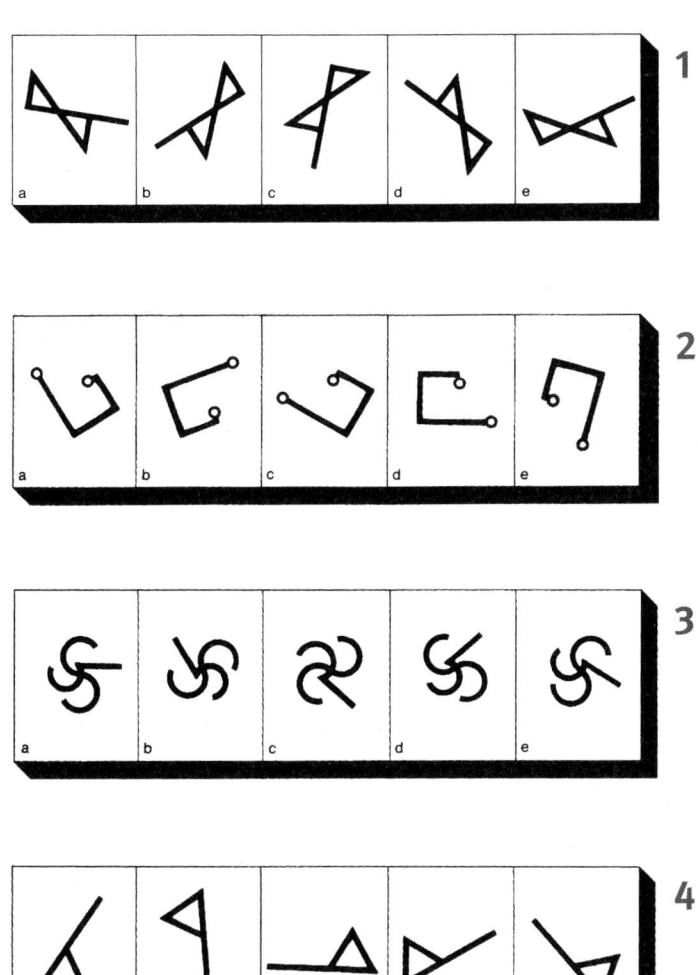

5

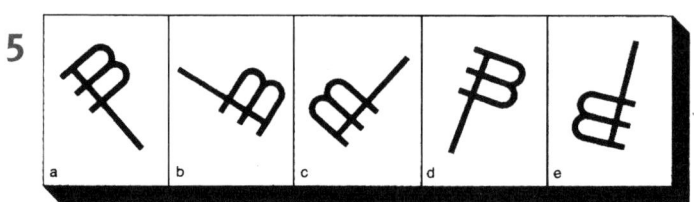

6

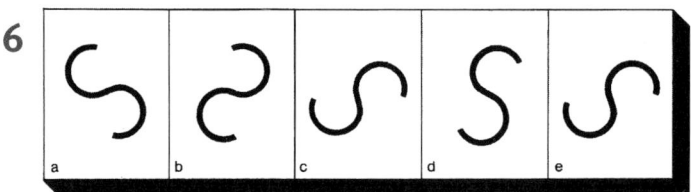

7

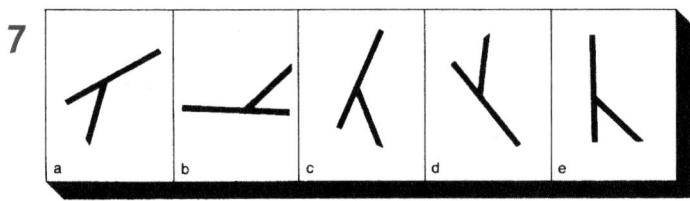

8

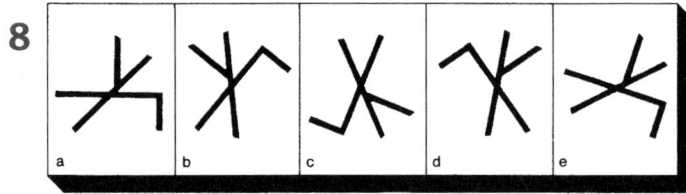

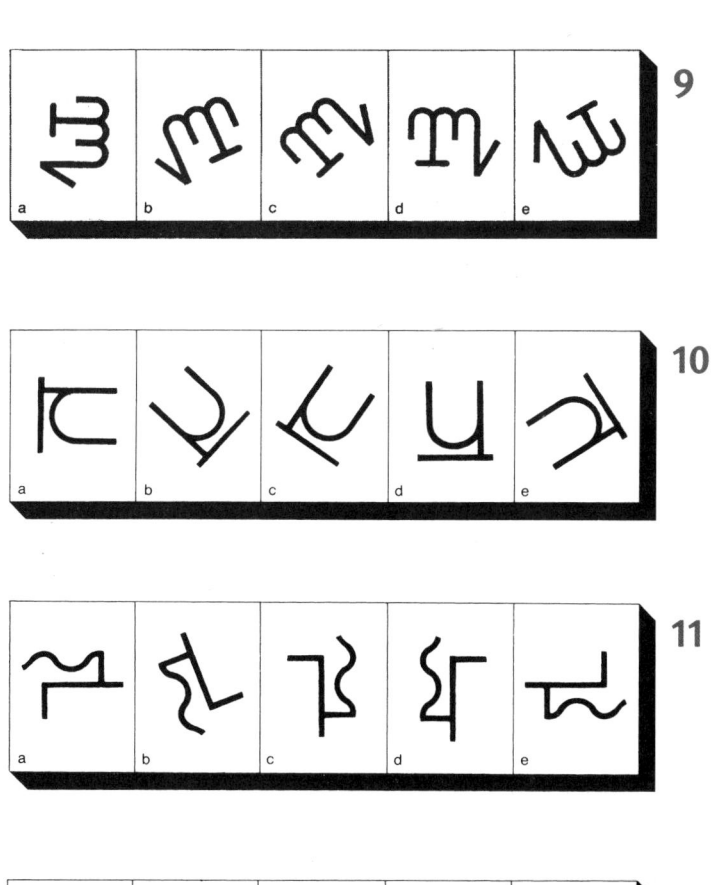

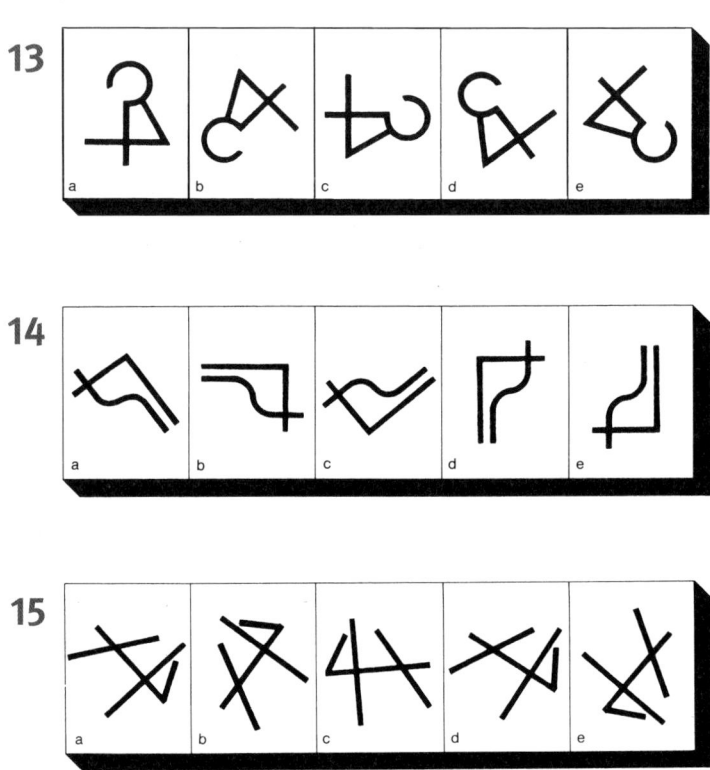

Die Lösungen des Symboltests finden Sie auf Seite 43.

Würfeltest

Wie verändern sich die Würfel?

Bei den folgenden acht Aufgaben stehen in
der oberen Reihe jeweils drei Würfel. Auf
jeder der sechs Würfelseiten gibt es verschiedene Zeichen.
Schauen Sie sich nun die Würfel nacheinander von links
nach rechts an. Aus der veränderten Lage der einzelnen Zeichen sollen Sie erkennen, in welche Richtung sich der
Würfel dreht.

Natürlich werden dabei auch neue Zeichen sichtbar. Haben
Sie die Drehrichtung des Würfels herausgefunden, überlegen Sie bitte, wo sich nach einer weiteren Drehung die einzelnen Zeichen befinden müssen. Kreuzen Sie als Lösung
den Buchstaben des fehlenden Würfels in der unteren
Reihe an.

Beim Beispiel erkennen Sie an dem Strich auf der oberen
Würfelfläche, dass sich die Würfel jeweils um 90 Grad
drehen. Aus der veränderten Lage des Punktes (erst auf der
linken, dann auf der rechten Seite) ersehen Sie, dass sich
die Würfel jeweils um 90 Grad nach links drehen. Die
Lösung ist der Würfel a.

Beginnen Sie nur mit der ersten Aufgabe, wenn Ihnen das
Testprinzip an dem Beispiel klar geworden ist. Sie haben für
die acht Aufgaben des Würfeltests genau 8 Minuten Zeit.
Hören Sie bitte sofort auf, wenn die Testzeit abgelaufen ist.

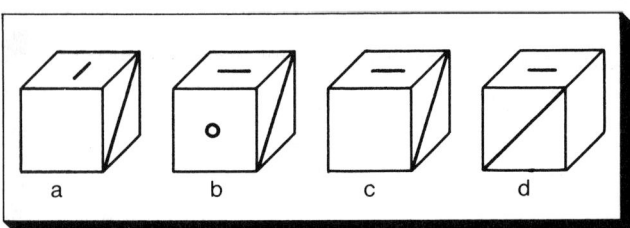

Beispiel

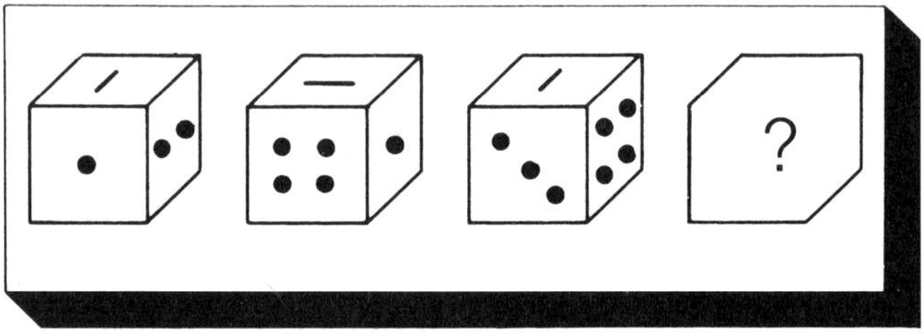

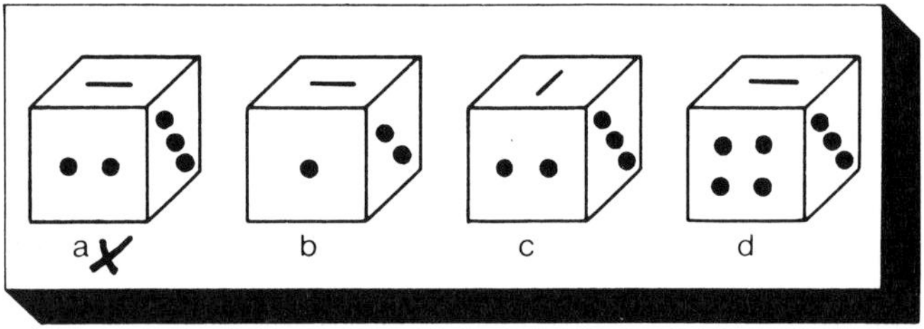

1

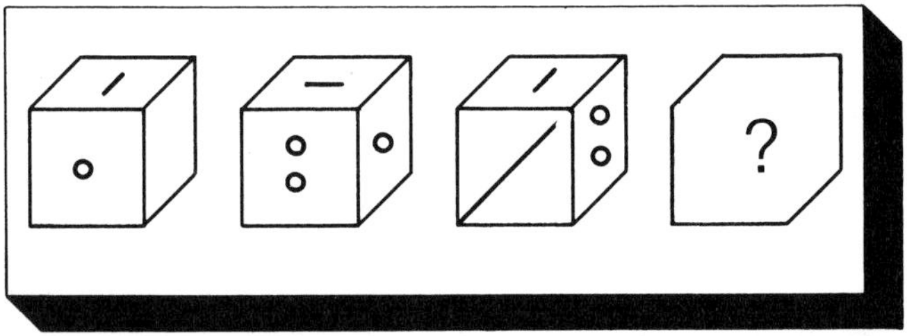

a ✗   b   c   d

a   b   c   d

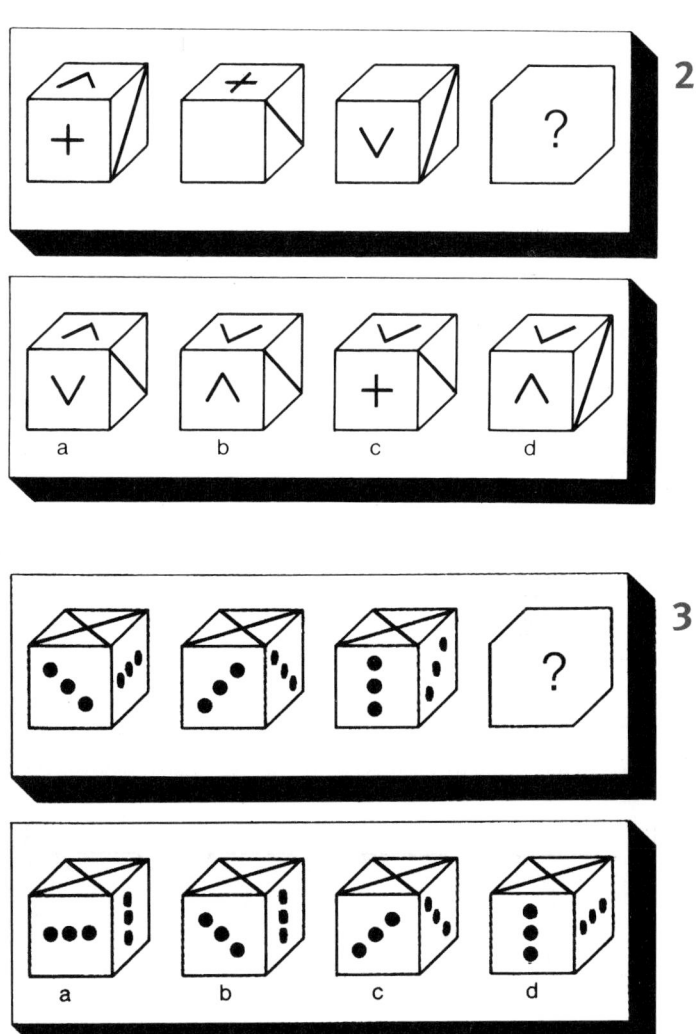

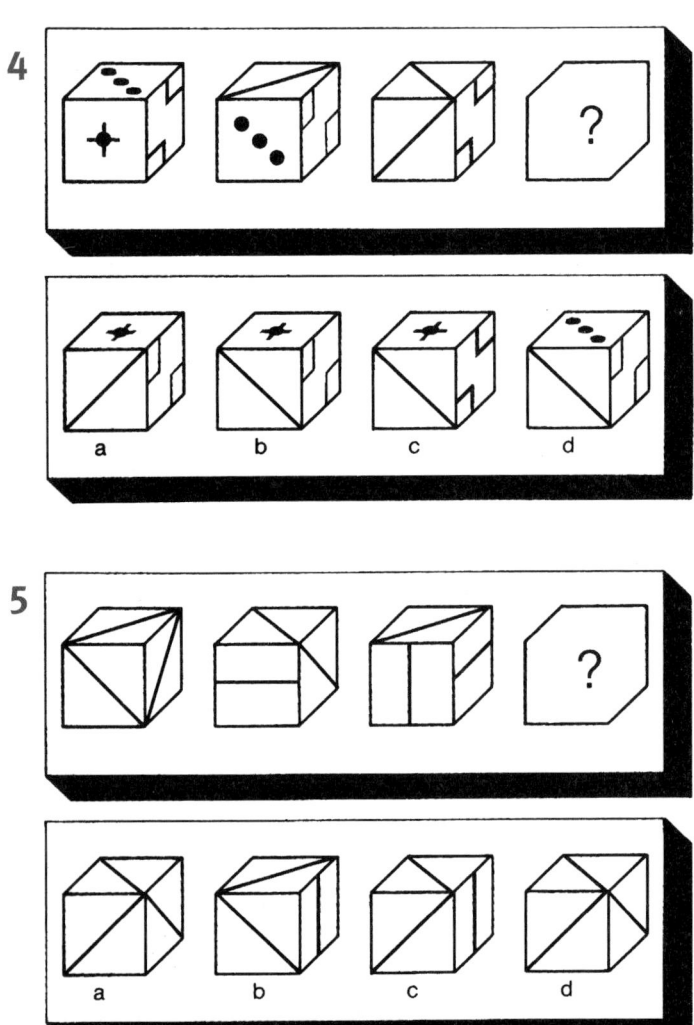

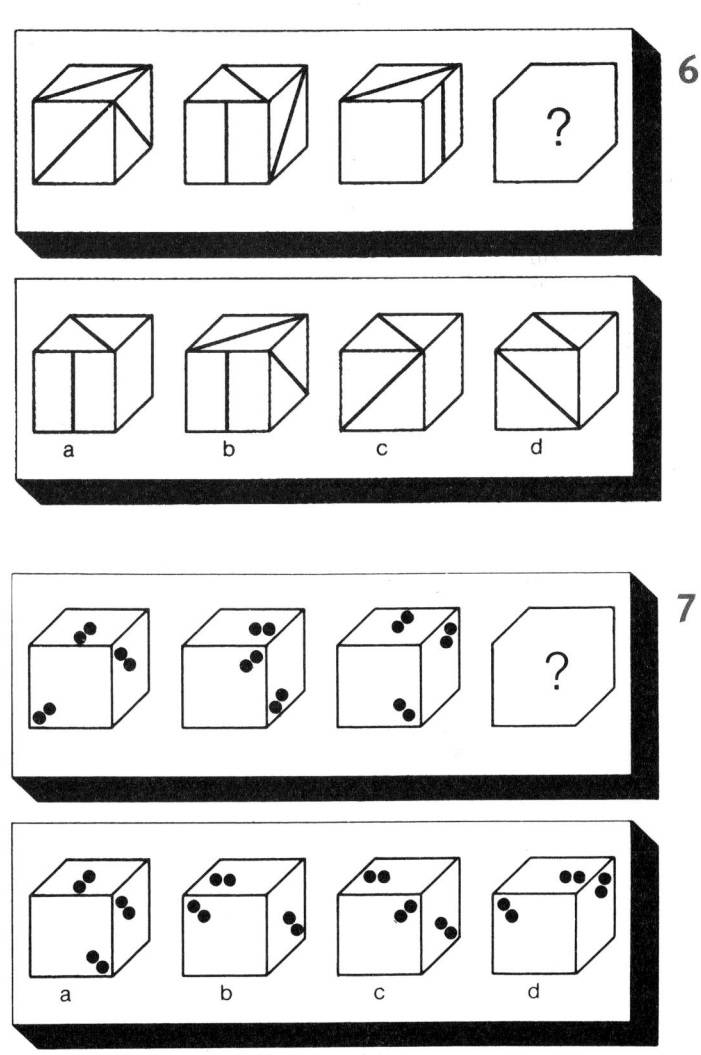

6

7

8

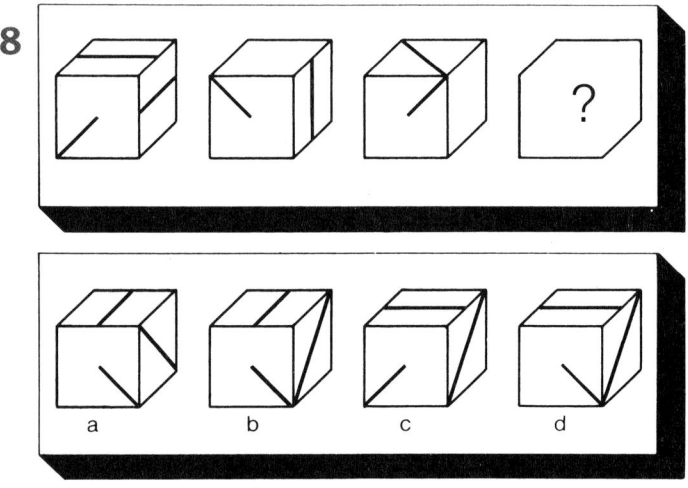

Die Lösungen des Würfeltests finden Sie auf Seite 44.

Punkteauswertung der optischen Intelligenz

In der Lösungstabelle sind für die drei Tests der ersten Testgruppe die richtigen Lösungen eingetragen. Kreuzen Sie jede Aufgabe, die Sie richtig haben, an. Jedes Kreuz zählt einen Punkt.

Figurentest		
1	c	☐
2	c	☐
3	c	☐
4	a	☐
5	d	☐
6	f	☐
7	c	☐
8	c	☐
9	a	☐
10	e	☐
11	a	☐
12	e	☐
13	b	☐
14	c	☐
15	e	☐
16	c	☐
17	a	☐
18	b	☐
19	c	☐
20	c	☐

Ihre Punkte ☐

Symboltest		
1	b	☐
2	d	☐
3	c	☐
4	d	☐
5	b	☐
6	b	☐
7	d	☐
8	d	☐
9	b	☐
10	d	☐
11	d	☐
12	e	☐
13	d	☐
14	a	☐
15	c	☐

Ihre Punkte ☐

Würfeltest		
1	c	☐
2	b	☐
3	a	☐
4	b	☐
5	c	☐
6	d	☐
7	b	☐
8	b	☐
Ihre Punkte		☐

Ihre Punktsumme ☐

Zählen Sie jetzt die Anzahl Ihrer Kreuze in allen drei Testteilen zusammen. Die Summe ergibt Ihre Punktzahl für die optische Intelligenz.

In der Bewertungstabelie für die optische Intelligenz (Seite 141) können Sie unter Ihrer Punktzahl nachsehen, wie gut Sie im Vergleich zu Personen Ihres Alters und Ihrer Bildungsgruppe abgeschnitten haben. Sie erfahren außerdem, wie viel Prozent der Vergleichspersonen genauso gut, besser oder schlechter sind als Sie.

Testgruppe 2

Wie gut ist Ihre praktische Intelligenz?

Diese Testgruppe besteht aus Aufgaben, die gute Beobachtungsschärfe und optisches Vorstellungsvermögen erfordern. Ihr Gehirn soll kombinieren, vergleichen und kritisch überprüfen. Neben Ihrem Kopf müssen bei dem ersten Test auch die Hände aktiv werden. Wenn Sie beim Probieren und Hantieren eine geschickte Hand besitzen, sind Sie im Vorteil.

Die Dimension „Technische Intelligenz" wird in diesem IQ-Test nicht berücksichtigt. Sie wird bei dieser Testgruppe jedoch mitgeprüft. Wenn Sie technische Begabung besitzen, können Sie die beiden letzten Tests dieser Gruppe leichter bewältigen. Sie benötigen nämlich eine wichtige Begabungsvoraussetzung, die gute Techniker oder Konstrukteure mitbringen sollten: zwei- und dreidimensionales Vorstellungsvermögen.

Die Testgruppe der praktischen Intelligenz besteht aus drei Teilen:

- Legetest
  Mit 16 Quadraten Testfiguren legen
- Formtest
  Formen in der Vorstellung richtig auseinanderschneiden
- Ergänzungstest
  Einzelne Figuren in der Vorstellung auf eine Vorlage legen

Jeder Test wird zuerst an einer Beispielaufgabe genau erklärt. Beginnen Sie jetzt mit dem Legetest (siehe Seite 47).

Legetest

Wie müssen die Quadrate gelegt werden?
Stellen Sie zuerst 16 quadratische Teilstücke her. Auf Seite 48
finden Sie hierfür eine Vorlage. Sie sollte dreifach vergrößert werden, damit Sie die Vorlagen besser nachlegen können. Sie brauchen vier schwarze und zwölf zur Hälfte
schwarze Teile. Legen Sie dazu die schwarzen Figuren mit
den Papierquadraten nach. Sie müssen dabei immer alle
16 Quadrate verwenden.

Mit dem Beispiel können Sie üben, wie es gemacht wird.

Beispiel
Vorlage

Lösung
So müssen die Quadrate
gelegt werden.

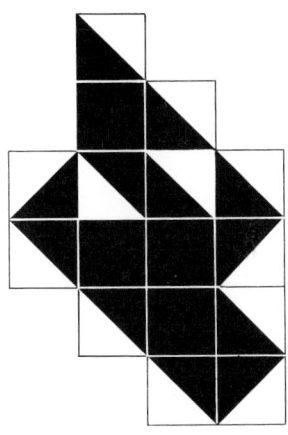

Beachten Sie bitte folgenden Hinweis: Die Quadrate müssen immer waagrecht gelegt werden; wenn Sie sie schräg legen, finden Sie die Lösung nicht.

Richtige Lage   **Falsche Lage**

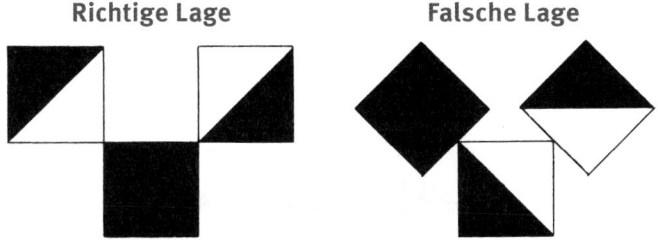

Beginnen Sie mit der ersten Aufgabe, wenn Ihnen der Legetest an dem Beispiel klar geworden ist. Bei diesen Aufgaben wird keine Zeitbegrenzung festgesetzt. Sie können beliebig lange probieren. Schauen Sie jedoch auf die Uhr, wie viele Minuten Sie für eine Aufgabe benötigen. In der Punktauswertung wird die Zeit verwertet.

Vorlage für die 16 Quadrate, die Sie für den Legetest herstellen müssen.

Bitte diese verkleinerte Abbildung dreifach vergrößert zeichnen und ausschneiden. Verwenden Sie ein festes Papier, damit sich die Quadrate beim Legen leicht verschieben lassen.

1

Zeit: _____ Minuten

2

Zeit: _____ Minuten

3

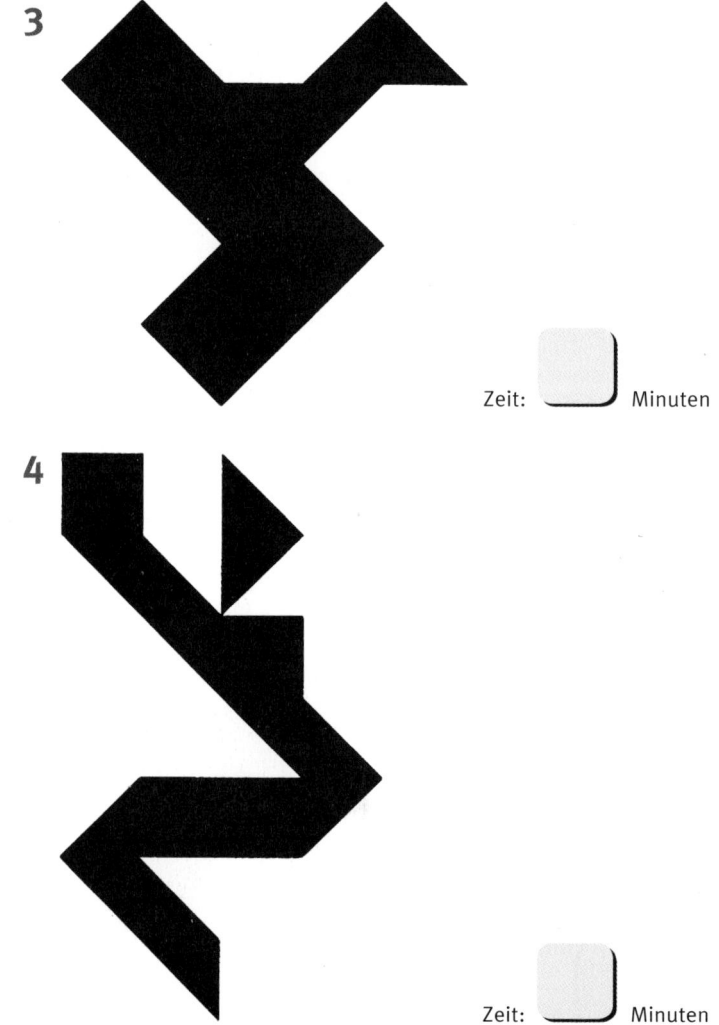

Zeit: [   ] Minuten

4

Zeit: [   ] Minuten

5

Zeit: Minuten

6

7

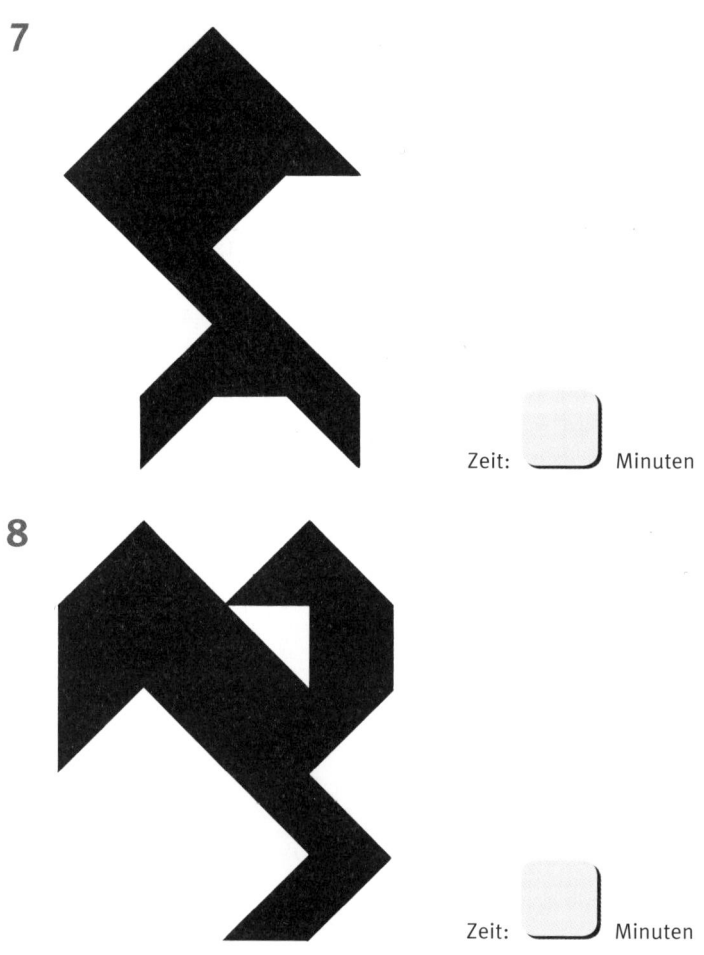

Zeit: ____ Minuten

8

Zeit: ____ Minuten

Die Punkteauswertung des Legetests finden Sie auf Seite 65.

Formtest

Wo müssen die Formen auseinanderge-
schnitten werden?

Bei diesem Test müssen Sie im Kopf Figu-
ren in zwei Teile zerschneiden und zu einer neuen Figur
zusammensetzen, entweder zu einem Rechteck (Aufgabe 1
bis 3) oder zu einem gleichschenkligen Dreieck (Aufgabe 4
und 5).

Jede Figur ist von Punkten und Zahlen umrandet. Da Sie
sie nur in Gedanken zerschneiden dürfen, geben Sie die
Lösung in Zahlen an. Beim ersten Beispiel müssten Sie von
16 nach 5 schneiden. Die durch „geistiges Zerschneiden"
entstandenen Teile dürfen auch in Gedanken umgeklappt
werden, um die jeweilige Form zu erhalten.

1. Beispiel

Ein Rechteck soll entstehen:

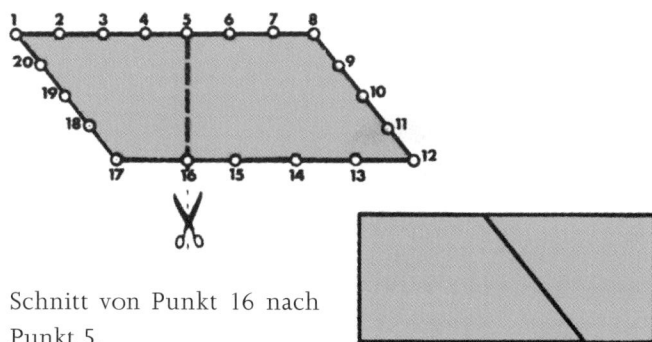

Schnitt von Punkt 16 nach
Punkt 5.

2. Beispiel

Ein Dreieck soll entstehen:

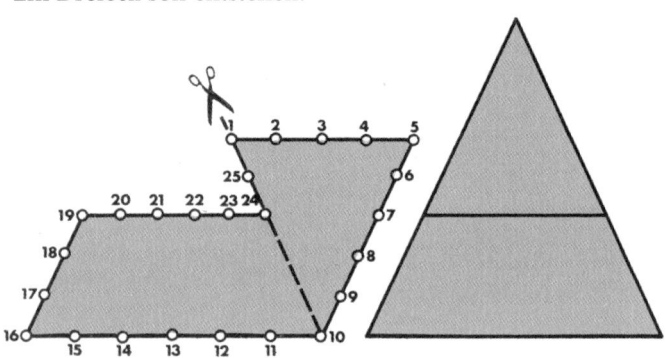

Schnitt von Punkt 10 nach Punkt 24.

Beginnen Sie mit der ersten Aufgabe, wenn Ihnen das Test-prinzip an den beiden Beispielen klar geworden ist. Sie haben für die folgenden Aufgaben insgesamt 14 Minuten Zeit. Halten Sie die Testzeit bitte genau ein.

Rechtecke sollen entstehen

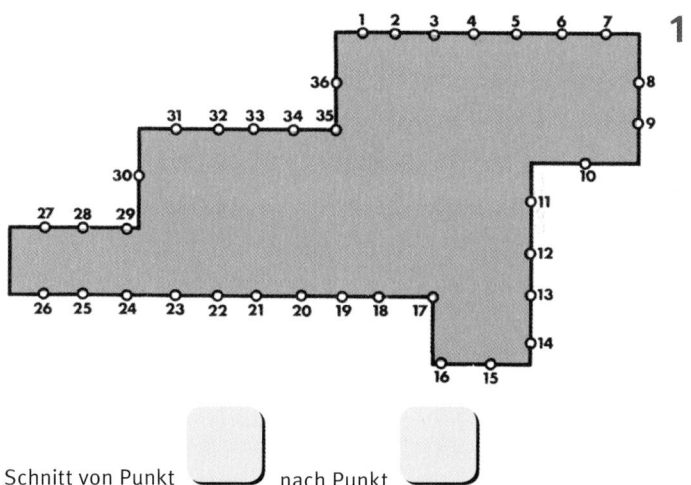

Schnitt von Punkt ☐ nach Punkt ☐

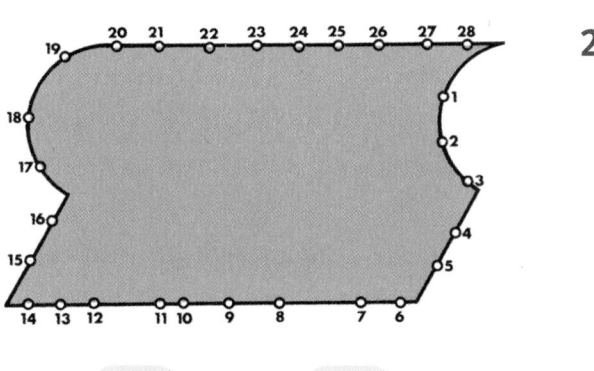

Schnitt von Punkt ☐ nach Punkt ☐

3

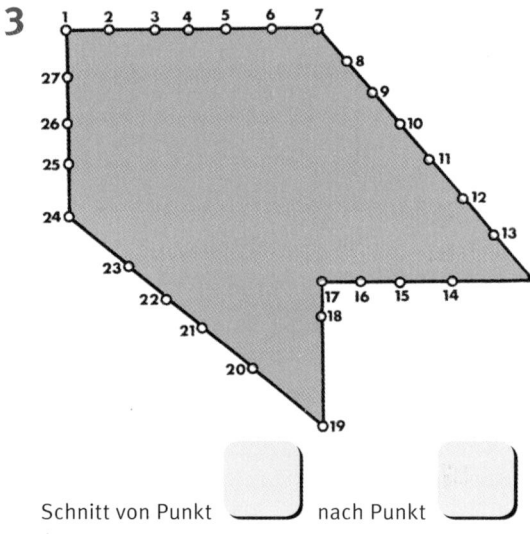

Schnitt von Punkt ⌐___⌐ nach Punkt ⌐___⌐

Die Lösungen des Formtests finden Sie auf Seite 66.

Jetzt sollen gleichschenklige Dreiecke entstehen:

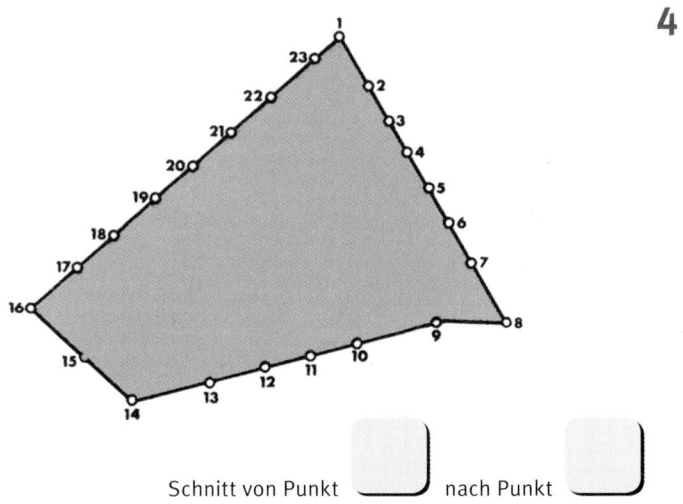

4

Schnitt von Punkt [ ] nach Punkt [ ]

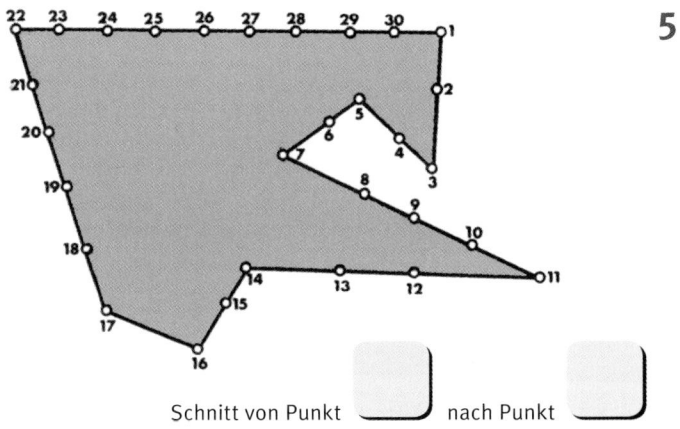

5

Schnitt von Punkt [ ] nach Punkt [ ]

Ergänzungstest

Wie gehören die Teilfiguren zusammen?

Bei diesem Test müssen Sie mit Hilfe Ihrer Vorstellung Teilfiguren in eine größere Figur so hineinlegen, dass sie genau passen.

Die Teilfiguren müssen dabei gedreht und können auch geklappt werden. Weil Sie sich das alles nur vorstellen dürfen, ist diese Denkleistung nicht leicht.

Beispiel

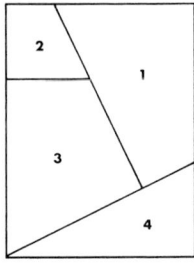
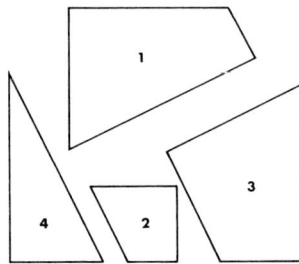

Die Teilfiguren sollen in die große Figur eingezeichnet werden. Auf millimetergenaues Zeichnen kommt es dabei nicht an. Wichtig ist, dass Sie die richtige Lage herausfinden. Beginnen Sie mit der ersten Aufgabe, wenn Ihnen das Testprinzip an dem Beispiel klargeworden ist. Sie haben für die folgenden sechs Aufgaben insgesamt 20 Minuten Zeit. Halten Sie diese Testzeit bitte genau ein. Wenn Sie früher fertig sind, können Sie mit der Punktauswertung beginnen.

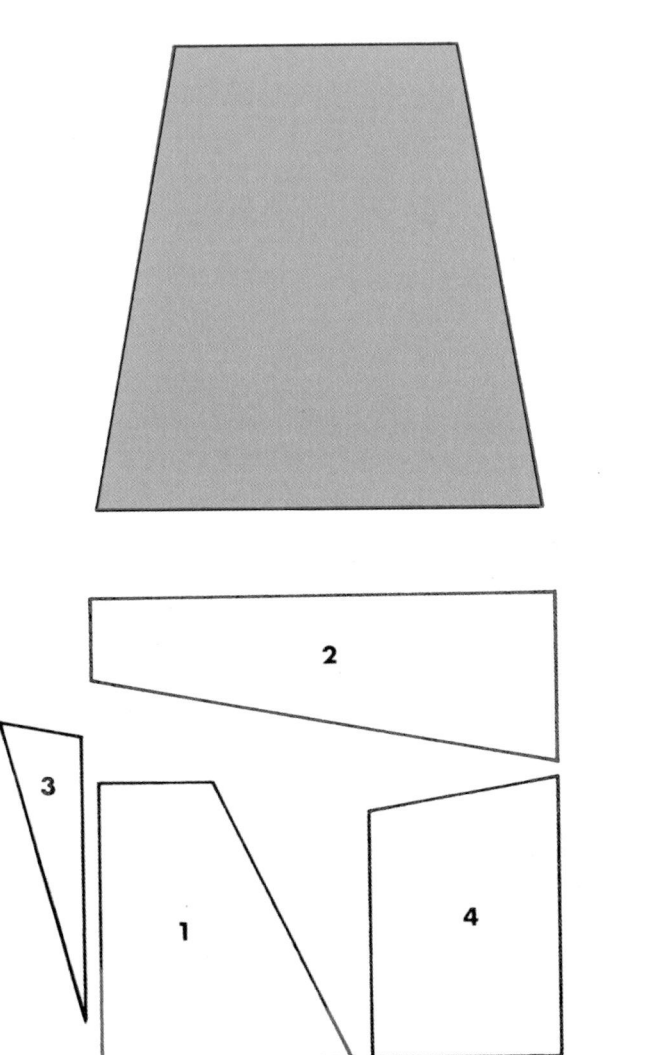

2

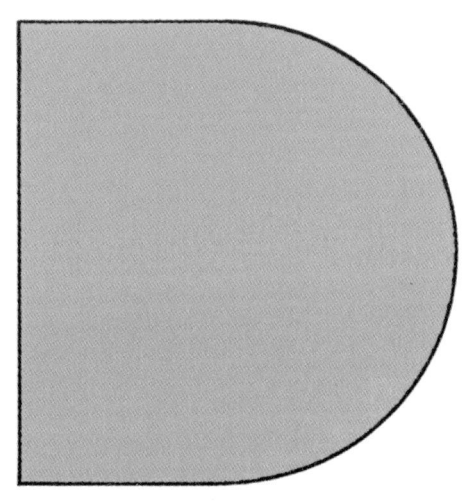

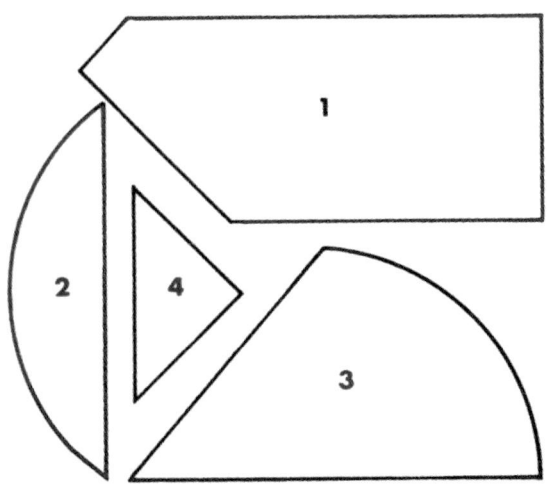

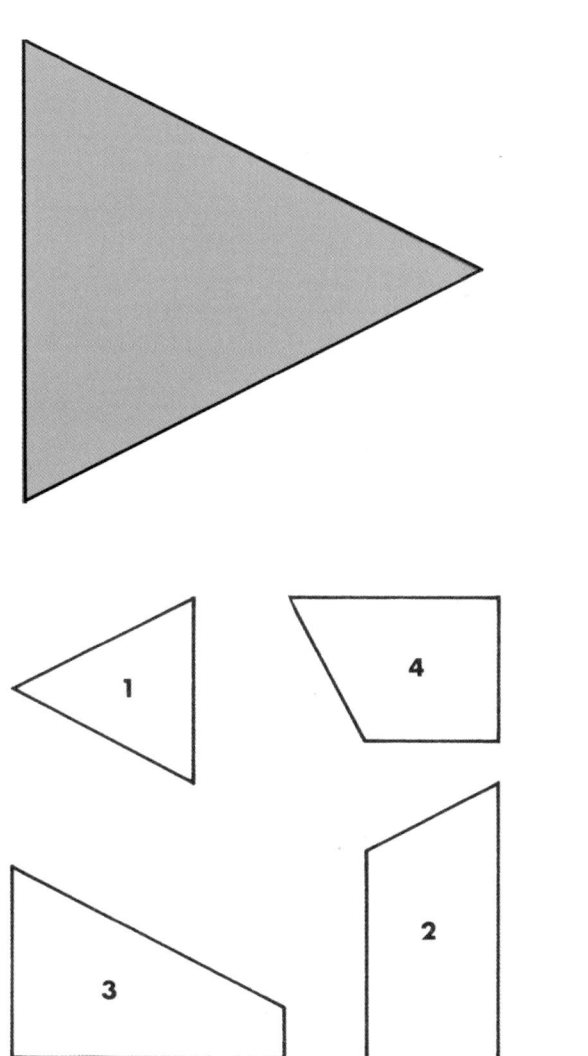

4

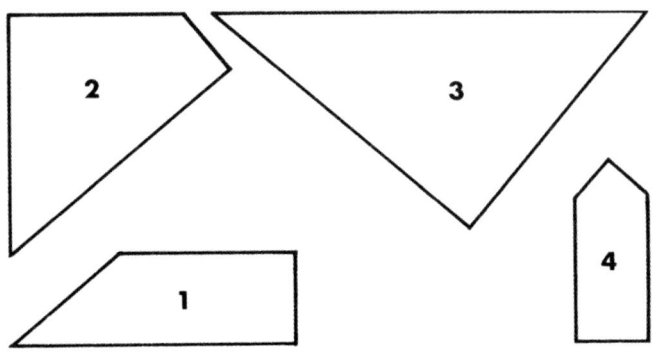

5

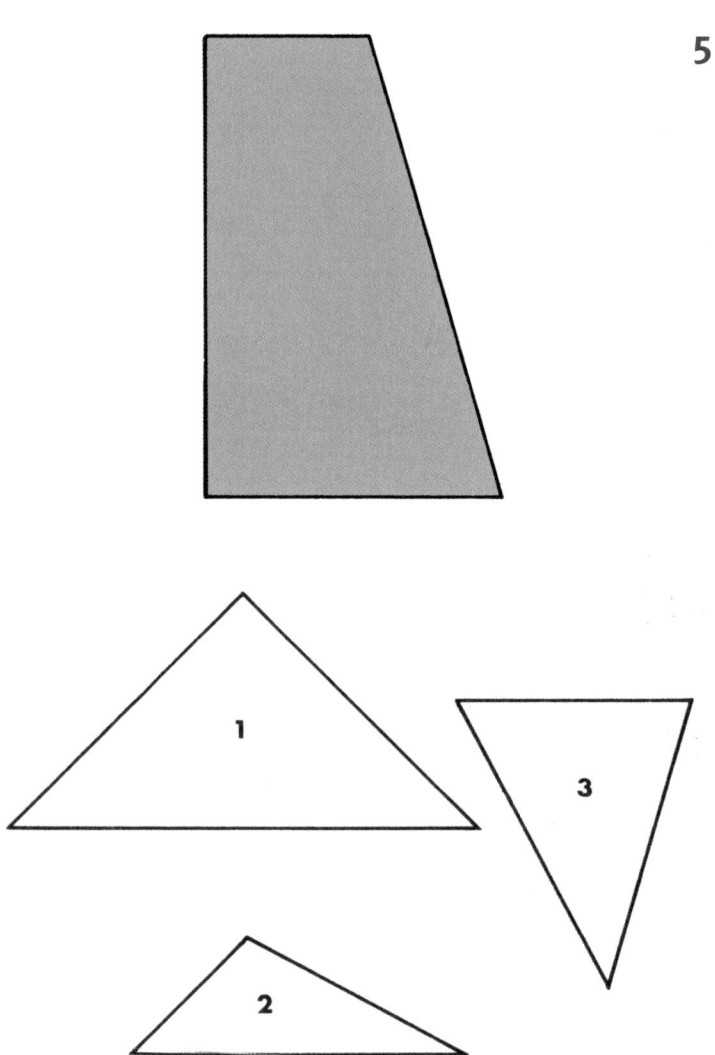

6

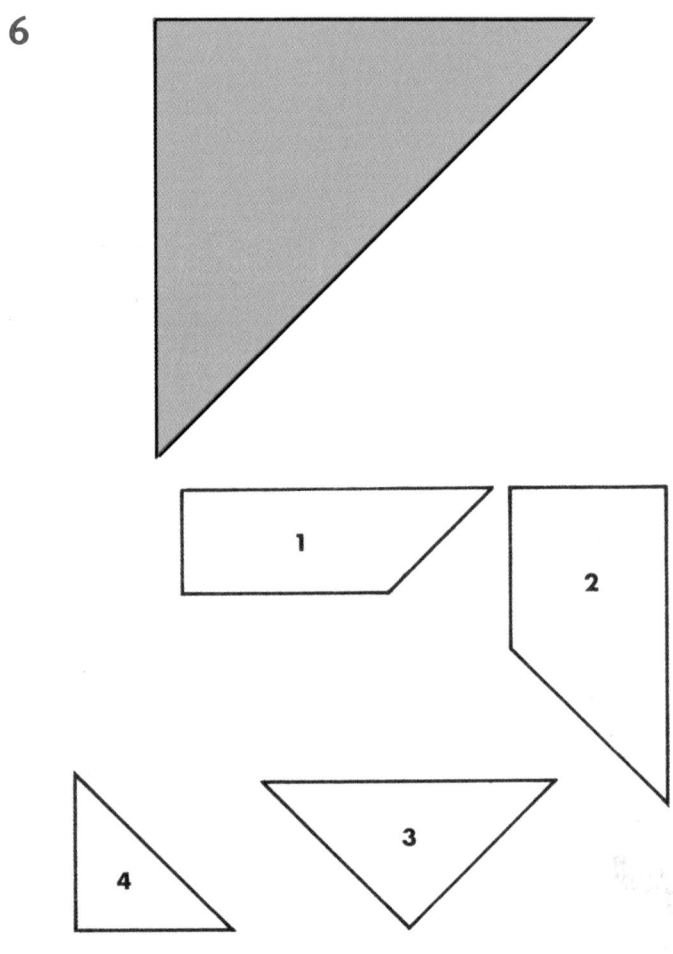

Die Lösungen des Ergänzungstests finden sie auf Seite 67.

Punkteauswertung
der praktischen Intelligenz

Legetest
Zählen Sie die Zeiten für die acht gelegten Figuren zusammen.

Figur	Minuten
1	
2	
3	
4	
5	
6	
7	
8	

Ihre Gesamtzeit ☐ Min.

Tabelle zum Legetest
Kreuzen Sie in der Tabelle für Ihre Gesamtzeit die Punktzahl an.

Minuten	Punkte	
unter 13	25	☐
13	24,5	☐
14	24	☐
15	23,5	☐
16	23	☐
17	22,5	☐
18	22	☐
19	21,5	☐
20	21	☐
21	20,5	☐
22	20	☐
23	19,5	☐
24	19	☐
25	18,5	☐
26	18	☐
27	17,5	☐
28	17	☐
29	16,5	☐
30	16	☐
31	15,5	☐
32	15	☐

▶

33	14,5	☐
34	14	☐
35	13,5	☐
36	13	☐
37	12,5	☐
38	12	☐
39	11,5	☐
40	11	☐
41	10,5	☐
42	10	☐
43	9,5	☐
44	9	☐
45	8,5	☐
46	8	☐
47	7,5	☐
48	7	☐

49	6,5	☐
50	6	☐
51	5,5	☐
52	5	☐
53	4,5	☐
54	4	☐
55	3,5	☐
56	3	☐
57	2,5	☐
58	2	☐
59	1,5	☐
60	1	☐
über 60	0	☐

Ihre Punkte ⬜

Formtest

Kreuzen Sie bitte jede Aufgabe an, die Sie richtig gelöst haben. Eine Aufgabe zählt nur als richtig, wenn Sie beide Schnittpunkte erkannt haben. Jede richtige Aufgabe zählt zwei Punkte.

1 Schnitt von 3 nach 17 ☐

2 Schnitt von 11 nach 21 ☐

3 Schnitt von 7 nach 17 ☐

4 Schnitt von 9 nach 16 ☐

5 Schnitt von 7 nach 22 ☐

Ihre Punkte ⬜

Ergänzungstest

Kreuzen Sie bitte jede Aufgabe an, die Sie richtig gelöst haben.
Jede richtige Aufgabe zählt einen Punkt.

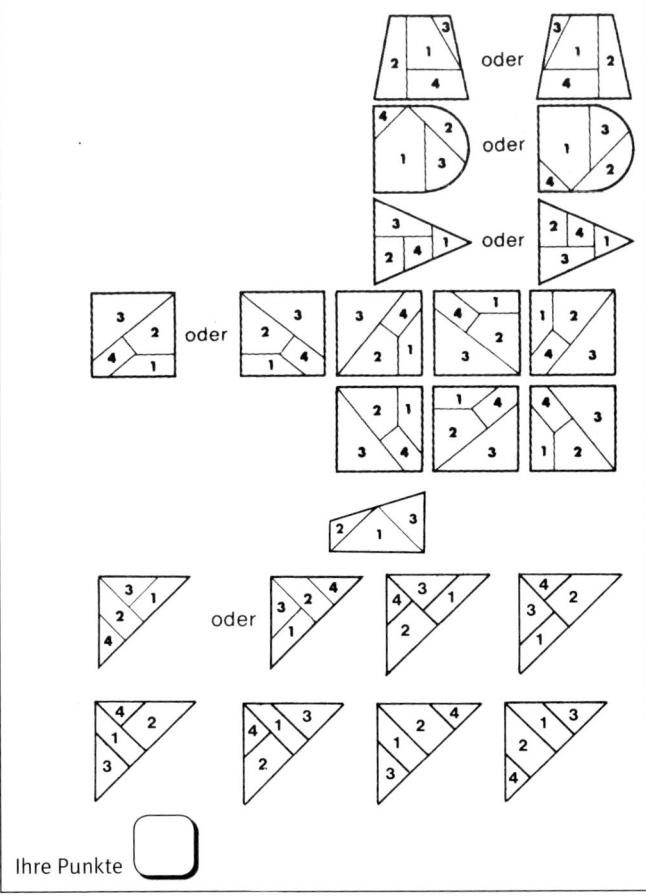

Ihre Punkte

Zählen Sie die Punkte der drei Tests zusammen. Die Summe ist Ihre Punktzahl für die praktische Intelligenz.

In der Bewertungstabelle für die praktische Intelligenz (Seite 142) können Sie unter Ihrer Punktzahl nachsehen, wie gut Sie im Vergleich zu Personen Ihres Alters und Ihrer Bildungsgruppe abgeschnitten haben. Sie erfahren außerdem, wieviel Prozent der Vergleichspersonen genauso gut, besser oder schlechter sind als Sie.

Ihre Punktsumme

Testgruppe 3

Besitzen Sie sprachliche Intelligenz?

Diese Testgruppe besteht aus Aufgaben mit Wortketten, einzelnen Wörtern und Sätzen, die kritisch überprüft werden sollen. Sie benötigen zur Lösung analytisches und logisches Denkvermögen. Außerdem wird Konzentration und Sprachgefühl verlangt.

Auch diese Testgruppe prüft also keine isolierte Fähigkeit. Viele Faktoren der geistigen Leistung, die bei den ersten beiden Testgruppen verlangt wurden, sollen auch hier eingesetzt werden.

Die Testgruppe zur sprachlichen Intelligenz besteht aus drei Teilen:
- Worttest
  Ein fehlender Begriff in einer Wortkette soll ergänzt werden
- Zuordnungstest
  Wörter müssen in zwei Gruppen geordnet werden
- Satztest
  Sätze sollen auf ihre Aussage überprüft werden

Jeder Test wird zuerst an einer Beispielaufgabe genau erklärt. Beginnen Sie jetzt mit dem Worttest.

Worttest

Welches Wort fehlt?
Bei diesem Test sollen Sie die Bedeutung
von Wörtern erkennen. Die Wortreihen
sind nach bestimmten Regeln aufgebaut. Wenn Sie das Gesetz
erkennen, wissen Sie, welches fehlende Wort in die Reihe
passt. Als Lösung stehen immer fünf Wörter zur Auswahl.
Am schnellsten verstehen Sie den Test, wenn Sie sich das
Beispiel anschauen. Hier wechseln stets Verkehrsmittel und
Haustiere miteinander ab. In das Kästchen mit dem Frage-
zeichen muss also ein Haustier. Unter den Lösungen ist die
Katze das einzige Haustier, deshalb wurde b angekreuzt.
Beginnen Sie mit der ersten Aufgabe, wenn Ihnen das Test-
prinzip an dem Beispiel klar geworden ist. Sie haben für
die folgenden zehn Wortreihen genau 10 Minuten Zeit.
Halten Sie diese Testzeit bitte genau ein.

Beispiel

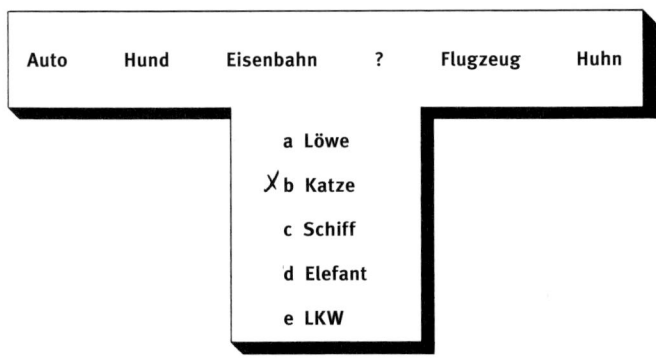

| Auto | Hund | Eisenbahn | ? | Flugzeug | Huhn |

a Löwe
X b Katze
c Schiff
d Elefant
e LKW

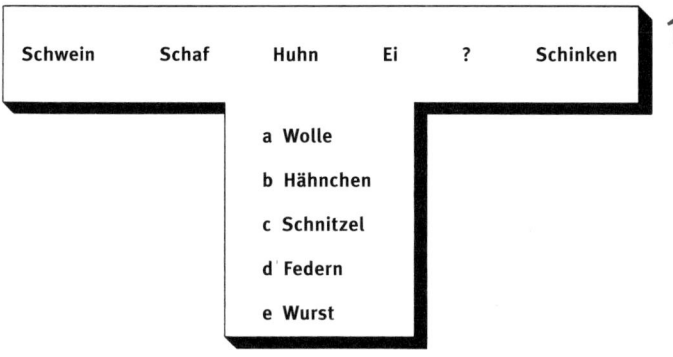

1

Schwein   Schaf   Huhn   Ei   ?   Schinken

a Wolle

b Hähnchen

c Schnitzel

d Federn

e Wurst

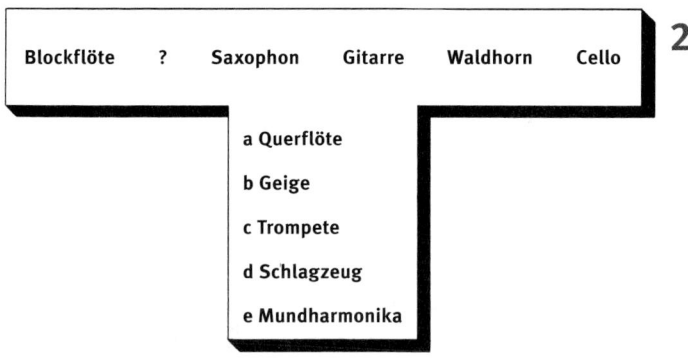

2

Blockflöte   ?   Saxophon   Gitarre   Waldhorn   Cello

a Querflöte

b Geige

c Trompete

d Schlagzeug

e Mundharmonika

3

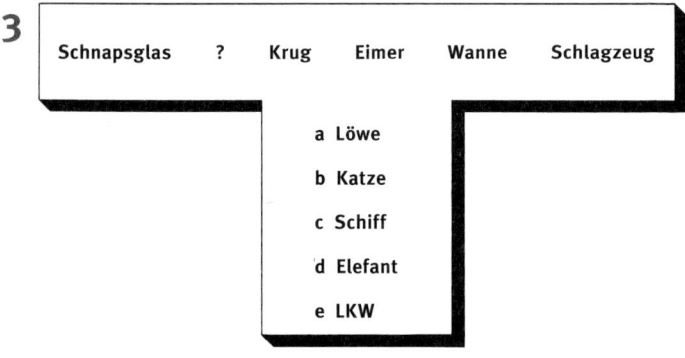

Schnapsglas ? Krug Eimer Wanne Schlagzeug

a Löwe
b Katze
c Schiff
d Elefant
e LKW

4

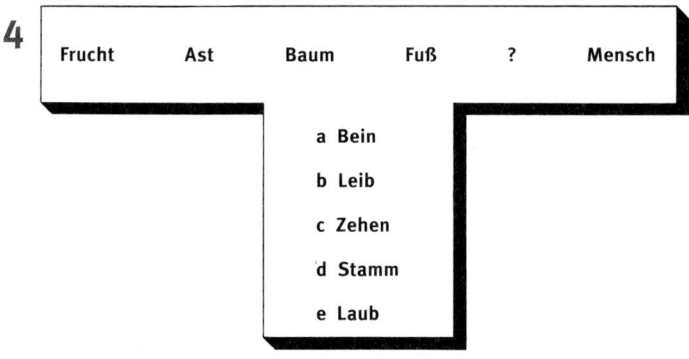

Frucht Ast Baum Fuß ? Mensch

a Bein
b Leib
c Zehen
d Stamm
e Laub

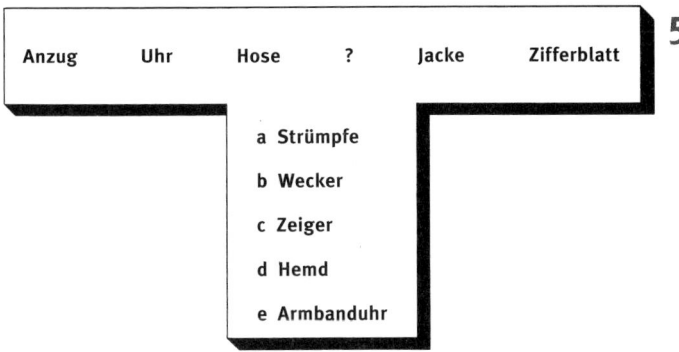

5

Anzug   Uhr   Hose   ?   Jacke   Zifferblatt

a Strümpfe

b Wecker

c Zeiger

d Hemd

e Armbanduhr

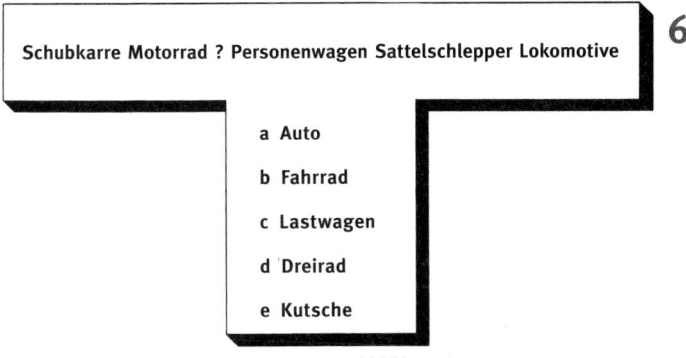

6

Schubkarre Motorrad ? Personenwagen Sattelschlepper Lokomotive

a Auto

b Fahrrad

c Lastwagen

d Dreirad

e Kutsche

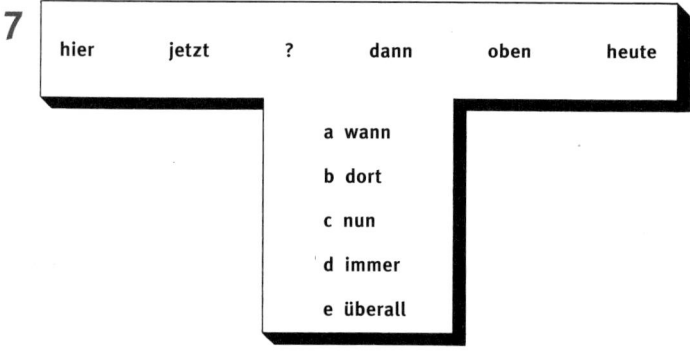

7

hier   jetzt   ?   dann   oben   heute

a wann
b dort
c nun
d immer
e überall

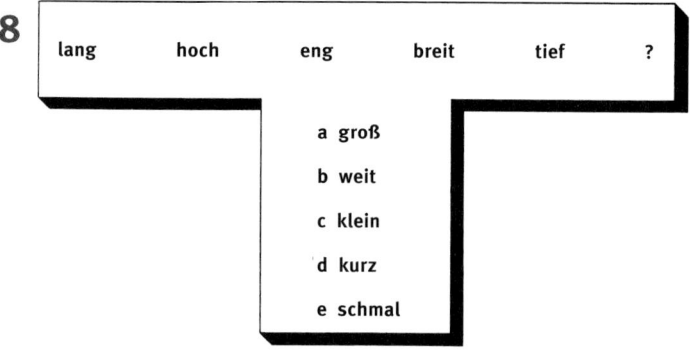

8

lang   hoch   eng   breit   tief   ?

a groß
b weit
c klein
d kurz
e schmal

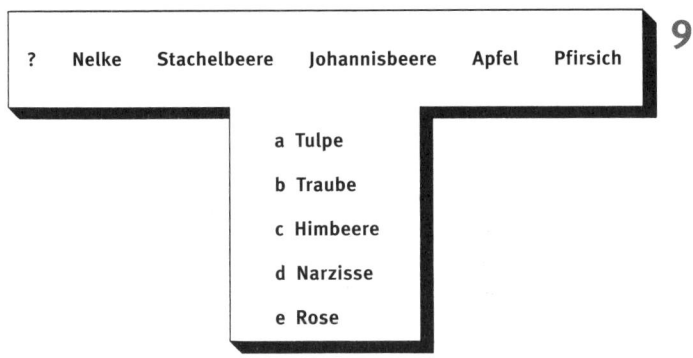

9

? Nelke Stachelbeere Johannisbeere Apfel Pfirsich

a Tulpe
b Traube
c Himbeere
d Narzisse
e Rose

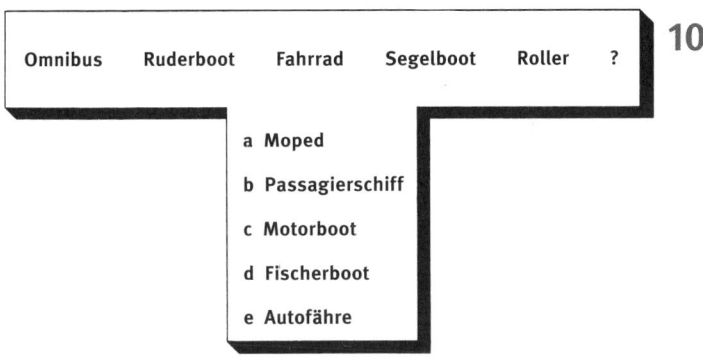

10

Omnibus Ruderboot Fahrrad Segelboot Roller ?

a Moped
b Passagierschiff
c Motorboot
d Fischerboot
e Autofähre

Die Punkteauswertung für den Worttest finden Sie auf Seite 85.

Zuordnungstest

Welche Wörter gehören zusammen?

Bei diesem Zuordnungstest sollen Wörter in ihrer Bedeutung erkannt werden. In jeder Aufgabe werden zwei Begriffe genannt. Sie sollen entscheiden, ob Sie verschiedene Wörter eher dem einen oder dem anderen Begriff zuordnen würden.

Beispiel

Kennzeichnen Sie die folgenden Wörter mit

M wenn sie sich mehr auf Dinge und Eigenschaften beziehen, die dem **menschlichen** Bereich angehören,

T wenn sie sich mehr auf Dinge und Eigenschaften beziehen, die dem **tierischen** Bereich angehören.

M	Ehrgeiz	T	Brunft	M	Technik
M	Worte	M	Denken	T	Herde
T	Instinkt	M	Kunst	M	Heiterkeit
M	Liebe	T	Futter	T	schnauben
T	Winterschlaf	M	Konversation	M	beherrschen
T	Beute	M	Begeisterung	M	Scham

Beginnen Sie mit der ersten Aufgabe, wenn Ihnen das Testprinzip an dem Beispiel klar geworden ist. Sie stehen bei diesem Test nicht unter Zeitdruck. Sie müssen Ihre Lösungszeit auch nicht stoppen. Bei diesem Zuordnungstest wird nur die Anzahl Ihrer Fehler gewertet.

1

Kennzeichnen Sie die folgenden Wörter mit
R   wenn sie sich auf Dinge beziehen,
    die ganz oder überwiegend mit Ruhe zu tun haben
B   wenn sie sich auf Dinge beziehen,
    die mit Bewegung zu tun haben.

☐ Fluss	☐ Sonne	☐ Gold
☐ Zeit	☐ Raum	☐ Kampf
☐ Berg	☐ Vogel	☐ Trauer
☐ Streit	☐ Nervosität	☐ Gleichmut
☐ Friede	☐ Wind	☐ Gebärde
☐ Geduld	☐ Tod	☐ Stille

2

Kennzeichnen Sie die folgenden Wörter mit
N   wenn es sich um Dinge handelt,
    die in der Natur vorkommen
M   wenn es sich um Dinge handelt,
    die vom Menschen geschaffen werden.

☐ Baum	☐ Schuttberg	☐ Gold
☐ Stein	☐ Berge	☐ Brücke
☐ Haus	☐ Baumwolle	☐ Rad
☐ Höhle	☐ Kohle	☐ Silber
☐ Papier	☐ Holz	☐ Blech
☐ Stahl	☐ Eisenerz	☐ Feuer

3

Kennzeichnen Sie die folgenden Wörter mit

V wenn sie sich mehr auf den Verstand beziehen,
G wenn sie sich mehr auf das Gefühl beziehen.

☐	berechnen	☐	ästhetisch	☐	Intellekt
☐	intuitiv	☐	warm	☐	Liebe
☐	unbeherrscht	☐	klug	☐	lernen
☐	denken	☐	freuen	☐	schlau
☐	logisch	☐	Analyse	☐	Mitleid
☐	traurig	☐	Angst	☐	Fanatismus

4

Kennzeichnen Sie die folgenden Wörter mit

E wenn sie sich auf Tätigkeiten beziehen,
die mehr mit Erzählen zu tun haben,
L wenn sie sich auf Tätigkeiten beziehen,
die mehr mit Lehren zu tun haben.

☐	mitteilen	☐	beibringen	☐	dozieren
☐	erklären	☐	schildern	☐	vermitteln
☐	plaudern	☐	instruieren	☐	unterhalten
☐	anleiten	☐	anvertrauen	☐	tratschen
☐	aufzählen	☐	ausschmücken	☐	erläutern
☐	sagen	☐	vormachen	☐	beweisen

5

Kennzeichnen Sie die folgenden Wörter mit
A wenn sie sich auf Tätigkeiten beziehen,
   bei denen man sich mehr aktiv, ausführend verhält,
P wenn sie sich auf Tätigkeiten beziehen,
   bei denen man sich mehr passiv, nicht handelnd verhält.

☐ laufen	☐ zuhören	☐ lesen
☐ schreiben	☐ suchen	☐ erwarten
☐ schlafen	☐ träumen	☐ rechnen
☐ gehen	☐ ausharren	☐ erwachen
☐ sitzen	☐ finden	☐ sprechen
☐ denken	☐ essen	☐ trauern

6

Kennzeichnen Sie die folgenden Wörter mit

G wenn sie sich mehr auf Gegenwärtiges beziehen,
V wenn sie sich mehr auf Geschehenes beziehen

☐ nunmehr	☐ momentan	☐ Reue
☐ Tatverlauf	☐ gestern	☐ augenblicklich
☐ vorbei	☐ leben	☐ nun
☐ jetzt	☐ Erinnerung	☐ Ursache
☐ heute	☐ Rückschau	☐ Trauer
☐ Andenken	☐ Historie	☐ Trost

Satztest

Was sagen die Sätze?

Bei den folgenden Aufgaben sollen Sie Sätze aufmerksam lesen. Das Problem ist einfach: Zu Beginn einer Aufgabe werden zwei Begriffe genannt. Ordnen Sie jeden Satz einem der beiden Begriffe zu.

Beispiel

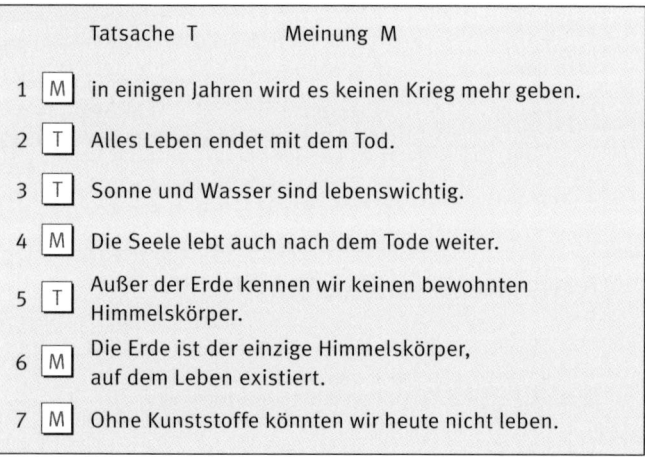

Tatsache T   Meinung M

1 [M] in einigen Jahren wird es keinen Krieg mehr geben.

2 [T] Alles Leben endet mit dem Tod.

3 [T] Sonne und Wasser sind lebenswichtig.

4 [M] Die Seele lebt auch nach dem Tode weiter.

5 [T] Außer der Erde kennen wir keinen bewohnten Himmelskörper.

6 [M] Die Erde ist der einzige Himmelskörper, auf dem Leben existiert.

7 [M] Ohne Kunststoffe könnten wir heute nicht leben.

Beginnen Sie mit der ersten Aufgabe, wenn Ihnen das Testprinzip an dem Beispiel klar geworden ist. Sie stehen bei dem Satztest nicht unter Zeitdruck. Es wird nur die Anzahl Ihrer Fehler gewertet.

1

wahr W   falsch F

1 ☐ Der Mensch hat vieles mit den Tieren gemeinsam.

2 ☐ Soziales Verhalten gibt es nicht nur bei den Menschen.

3 ☐ Der Mensch ist das einzige intelligente Lebewesen.

4 ☐ Der Mensch stammt wahrscheinlich nicht direkt vom Affen ab.

5 ☐ Der Mensch hat bessere Sinnesorgane als die meisten Tiere.

6 ☐ Nur der Mensch kann sich durch Lautäußerung mit seinen Artgenossen verständigen.

7 ☐ Es gibt Tiere, die über mehrere Monate keine Nahrung fressen müssen.

2

Wirklichkeit W   Phantasie P

1 ☐ Die meisten Träume werden Wirklichkeit.

2 ☐ Auch Pflanzen ernähren sich.

3 ☐ Der Mensch kann sein Handeln freier bestimmen als das Tier.

4 ☐ Es gibt nichts, was man für Geld nicht kaufen kann.

5 ☐ Eines Tages wird der Mensch auch zur Sonne fliegen und dort landen.

6 ☐ Die Industrialisierung hat Einfluss auf unser Klima.

7 ☐ In der heutigen Zeit braucht der Mensch die Präparate der Pharmazie.

3

	gedacht G	gefühlt F

1 ☐ Auf diesem Sessel sitzt man sehr bequem.

2 ☐ Das Kleid sitzt wie angegossen.

3 ☐ An einer Pilzvergiftung kann man nach schweren Magenkrämpfen sterben.

4 ☐ Ein Schnupfen ermattet den ganzen Körper.

5 ☐ Die Herbstsonne verleiht dem Wein die letzte Reife.

6 ☐ Dieses Theaterstück verursacht eine gespannte Atmosphäre.

7 ☐ Schreiende Babys beruhigt man am besten durch Schaukeln.

4

	wahr W	falsch F

1 ☐ Mit 6 Jahren ist jedes Kind in Deutschland schulreif.

2 ☐ Jeder Student ist dazu fähig, ein Hochschulstudium abzuschließen.

3 ☐ Vererbung und Umwelt haben Einfluss auf den Charakter.

4 ☐ Auch Tiere träumen manchmal.

5 ☐ Die Grundidee der Olympischen Spiele besteht darin, eine Medaille zu gewinnen.

6 ☐ Es wird schon bald eine neue Eiszeit geben.

7 ☐ Nicht nur die Armen, auch die Reichen haben Sorgen.

5

Wirklichkeit W   Phantasie P

1 ☐ Die Weltbevölkerung nimmt ständig zu.

2 ☐ Noch Ende dieses Jahrhunderts wird es keine Hungersnöte mehr geben.

3 ☐ Der menschliche Körper kann durch Ärger krank werden.

4 ☐ Es gibt Waschmittel, die weißer waschen als andere.

5 ☐ Werbung beeinflusst den Käufer nicht.

6 ☐ Der Mensch ist von seiner Umwelt nicht abhängig.

7 ☐ Glück und Zufriedenheit kann man nicht kaufen.

6

richtig R   falsch F

1 ☐ Eine Glühlampe brennt nur mit Strom.

2 ☐ Ohne elektrischen Strom gibt es kein Licht.

3 ☐ Wäre das Rad nie erfunden worden, gäbe es kein Radio.

4 ☐ Da das Gehirn Zentrum aller wichtigen Lebensvorgänge ist, können wir ohne Gehirn nicht leben.

5 ☐ Weil wir mit den Augen sehen, hören wir mit den Ohren.

6 ☐ Wären alle Menschen dumm, gäbe es nur dumme Staatsmänner.

7 ☐ Wären alle Kreise achteckig, wären auch alle Halbkreise eckig.

7

Tatsache T   Meinung M

1 ☐ Die Deutschen sind ein reiselustiges Volk.

2 ☐ Die Demokratie ist die beste Staatsform.

3 ☐ Man kann sich besser am Meer als im Gebirge erholen.

4 ☐ Unsere Gesellschaft braucht Abiturienten.

5 ☐ Die Armen sind glücklicher als die Reichen.

6 ☐ Im Unterschied zum Tier hat nur der Mensch eine Religion.

7 ☐ Wahres Glück kann man nicht kaufen.

8

richtig R   falsch F

1 ☐ Ohne Sprache gibt es keine Verständigung.

2 ☐ Wenn alle Früchte gut schmecken würden, gäbe es keine giftigen Früchte mehr.

3 ☐ Gäbe es kein Wasser mehr, müssten wir sterben.

4 ☐ Ohne Uhren wüssten wir nie, wie spät es ist.

5 ☐ Hielten alle Lebewesen Winterschlaf, gäbe es kein Silvesterfeuerwerk.

6 ☐ Wären alle Bäume Nadelbäume, gäbe es keine Äpfel mehr.

7 ☐ Wenn jeder kluge Mensch ein Affe wäre, wären alle Affen klug.

Die Lösungen des Satztests finden Sie auf Seite 88.

Punkteauswertung
der sprachlichen Intelligenz

Worttest
In der Lösungstabelle sind die richtigen Lösungen eingetragen. Kreuzen Sie jede Aufgabe an, die Sie richtig haben. Jedes Kreuz zählt einen Punkt.

1	a	☐	6	d	☐
2	b	☐	7	b	☐
3	b	☐	8	d	☐
4	a	☐	9	e	☐
5	c	☐	10	b	☐

Ihre Punkte

Zuordnungstest

Kreuzen Sie in der Tabelle mit den richtigen Buchstaben Ihre
Fehler an. Zählen Sie dann alle Ihre Fehler zusammen.

1	B	R	B		4	E	L	L
	B	R	B			L	E	L
	R	B	R			E	L	E
	B	B	R			L	E	E
	R	B	B			L	E	L
	R	R	R			E	L	L
2	N	M	N		5	A	P	A
	N	N	M			A	A	P
	M	N	M			P	P	A
	N	N	N			A	P	P
	M	N	M			P	P	A
	M	N	N			A	A	P
3	V	G	V		6	G	G	V
	G	G	G			V	V	G
	G	V	V			V	G	G
	V	G	V			G	V	V
	V	V	G			G	V	V
	G	G	G			V	V	V

Ihre Fehler

Punktetabelle für den Zuordnungstest

Suchen Sie in der Tabelle Ihre Fehlerzahl, dann erfahren Sie Ihre Punkte.

Fehler	Punkte	Fehler	Punkte
0	15	16	7
1	15	17	7
2	14	18	6
3	14	19	6
4	13	20	5
5	13	21	5
6	12	22	4
7	12	23	4
8	11	24	3
9	11	25	3
10	10	26	2
11	10	27	2
12	9	28	1
13	9	29	1
14	8	über 29	0
15	8		

Ihre Punkte

Satztest

Kreuzen Sie in der Tabelle mit den richtigen Lösungen Ihre Fehler an. Zählen Sie anschließend Ihre Fehler zusammen.

1	W ☐	3	F ☐	5	W ☐	7	T ☐
	W ☐		F ☐		P ☐		M ☐
	F ☐		G ☐		W ☐		M ☐
	W ☐		F ☐		W ☐		T ☐
	F ☐		G ☐		P ☐		M ☐
	F ☐		F ☐		P ☐		T ☐
	W ☐		G ☐		W ☐		T ☐
2	P ☐	4	F ☐	6	R ☐	8	F ☐
	W ☐		F ☐		F ☐		F ☐
	W ☐		W ☐		R ☐		R ☐
	P ☐		W ☐		R ☐		F ☐
	P ☐		F ☐		F ☐		F ☐
	W ☐		F ☐		R ☐		R ☐
	W ☐		W ☐		R ☐		F ☐

Ihre Fehler

Ihre Punktesumme

Punktetabelle für den Satztest

Suchen Sie in der Tabelle Ihre Fehlerzahl, dann erfahren Sie Ihre Punkte.

Fehler	Punkte	Fehler	Punkte
0–1	15	16	7
2	14	17	7
3	14	18	6
4	13	19	6
5	13	20	5
6	12	21	5
7	12	22	4
8	11	23	4
9	11	24	3
10	10	25	3
11	10	26	2
12	9	27	2
13	9	28	1
14	8	29	1
15	8	über 29	0

Ihre Punkte

Zählen Sie die Punkte in den drei sprachlichen Tests zusammen. Die Summe ergibt Ihre Punktezahl für die sprachliche Intelligenz.

In der Bewertungstabelle für die sprachliche Intelligenz (siehe Seite 143) können Sie unter Ihrer Punktezahl nachsehen, wie gut Sie im Vergleich zu Personen Ihres Alters und Ihrer Bildungsgruppe abgeschnitten haben.

Testgruppe 4

Wie gut ist Ihre rechnerische Intelligenz?

Diese Testgruppe besteht aus großen und kleinen Zahlenmustern. Die Zahlen sollen analysiert werden. Sie sind nach einfachen mathematischen Regeln aufgebaut.

Um diese Regeln zu finden, ist Konzentration und logisches Denken erforderlich. Wer gerne und leicht mit Zahlen umgeht, hat bei diesem Test Vorteile, weil er an die Aufgaben unbefangener herangeht. Diese vierte Testgruppe besteht aus einem

- Rechentest
  In Zahlenmustern sollen Rechengesetze erkannt werden

Auch wenn Sie ungern rechnen, sollten Sie diesen Test mit frischem Mut machen. Es werden keine mathematischen Spezialkenntnisse verlangt. Das Wissen der Hauptschule reicht völlig aus.

Rechentest

**Welche Gesetze stecken
in den Zahlenmustern?**

Bei diesem Test müssen Zahlenmuster, die
nach bestimmten Gesetzmäßigkeiten aufgebaut sind, analysiert werden. Die Zahlen in den übereinander liegenden
Kästen sind nicht als Bruch zu lesen. Alle Zahlen der oberen
und unteren Kästchen sind getrennt voneinander nach einem Gesetz aufgebaut. Wenn Sie die Regeln erkannt haben,
ist es keine Schwierigkeit mehr, die beiden fehlenden Zahlen auszurechnen.

Die Gesetzmäßigkeit im Beispiel lautet so:
Die nächstfolgende Zahl ist immer um zwei größer als die
vorhergehende. Als Lösung muss deshalb in das obere Feld
eine 14 und in das untere eine 17 geschrieben werden.

Beispiel

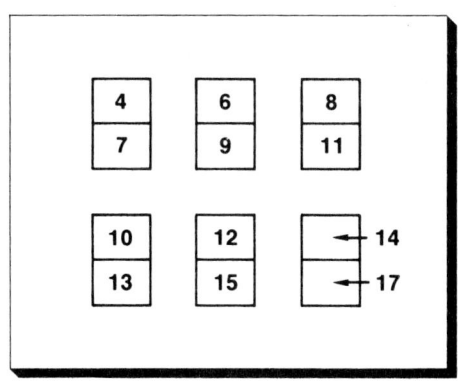

Beginnen Sie mit der ersten Aufgabe, wenn Ihnen das Testprinzip an dem Beispiel klar geworden ist. Sie haben für
die folgenden 27 Aufgaben genau 25 Minuten Zeit. Wenn
Sie früher fertig sind, können Sie mit der Punktauswertung
beginnen. Sollten Sie in der Zeit nicht ganz fertig werden,
müssen Sie den Test abbrechen.

1

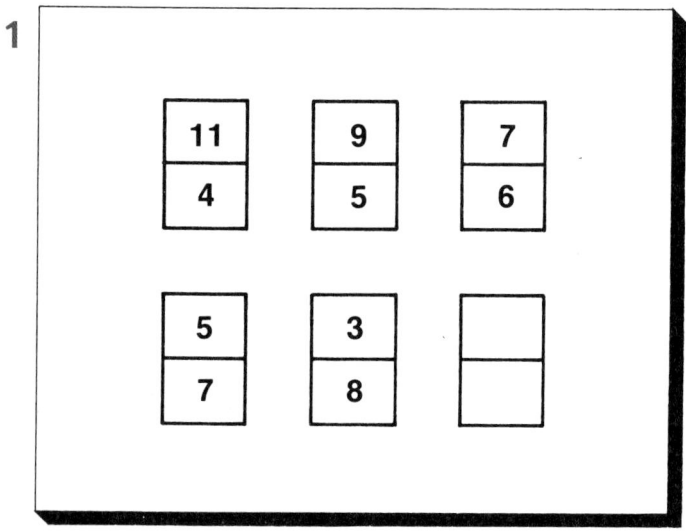

2

3	6	18
2	4	12

72	360	
48	240	

3

6	7	8
6	5	4

5	4	
5	6	

4

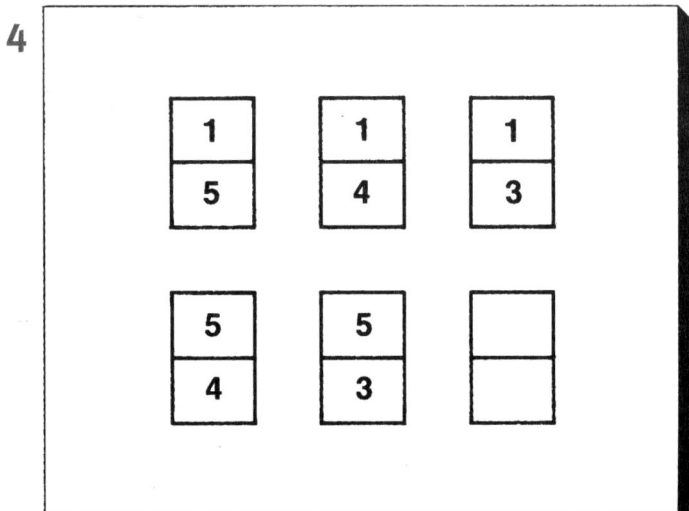

5

4	5	7
30	29	27

8	10	11
26	24	23

13	14	
21	20	

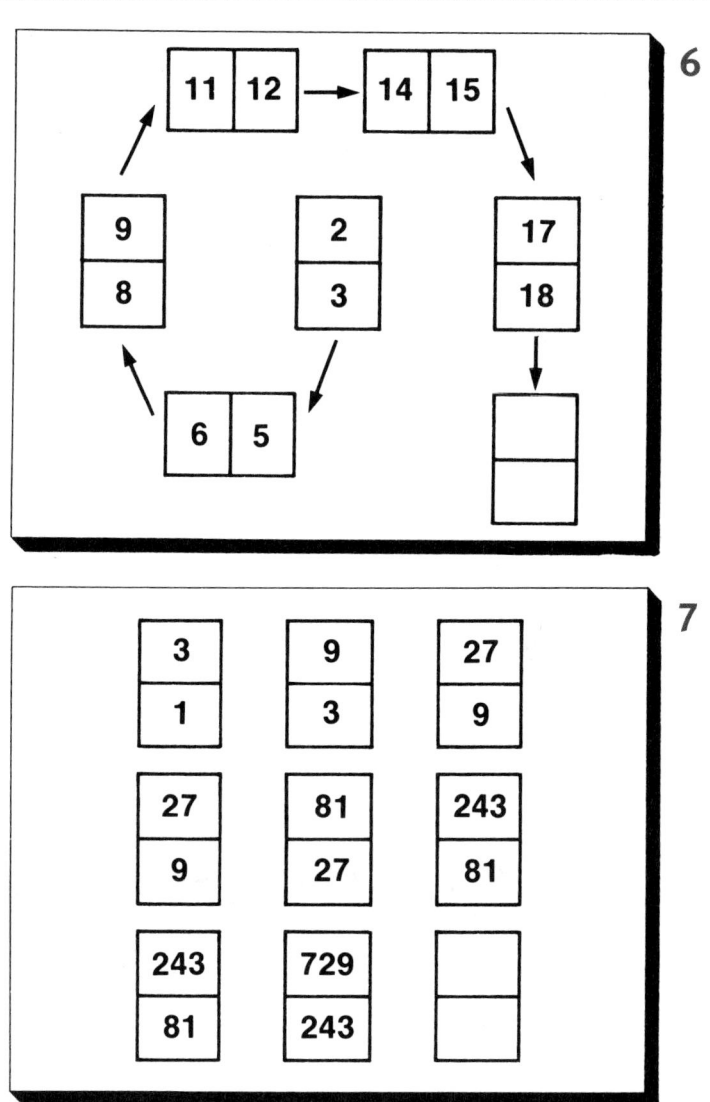

6

7

8

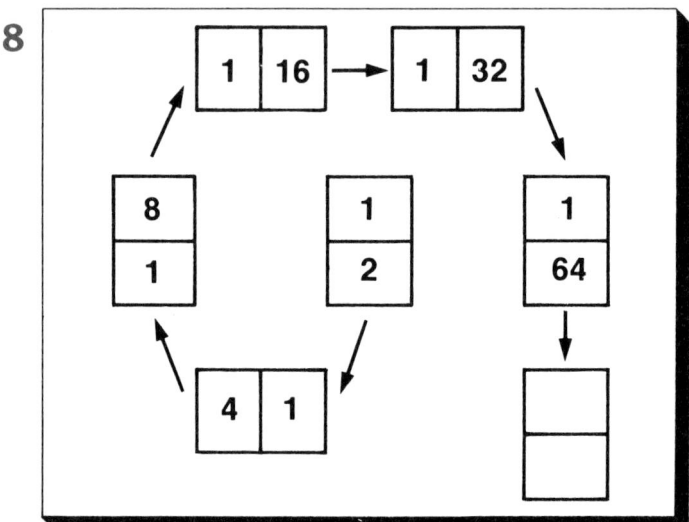

9

3 / 1	9 / 3	27 / 9
27 / 9	81 / 27	243 / 81
243 / 81	729 / 243	

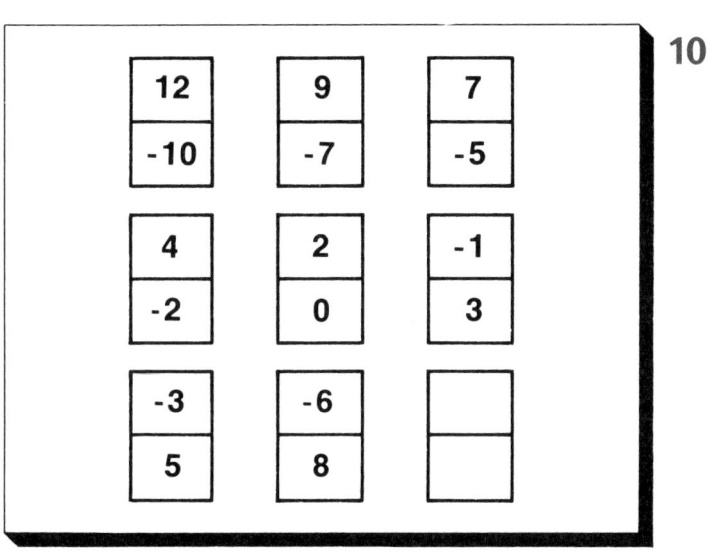

10

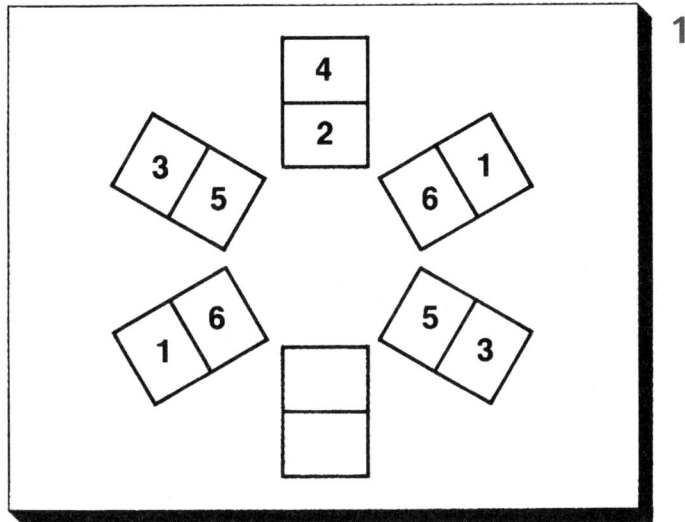

11

12

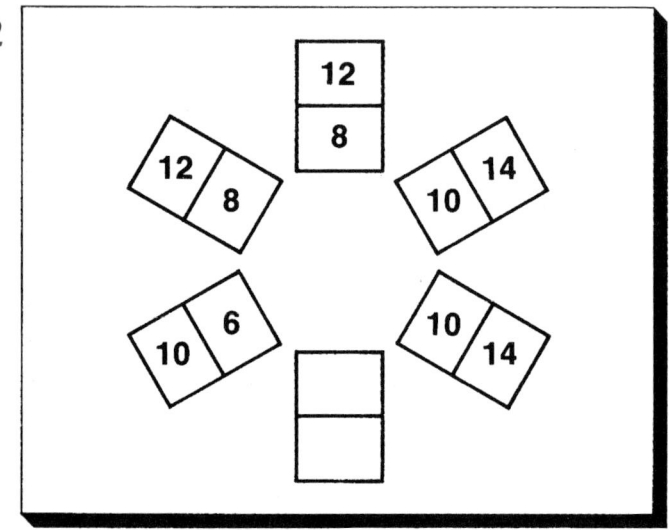

13

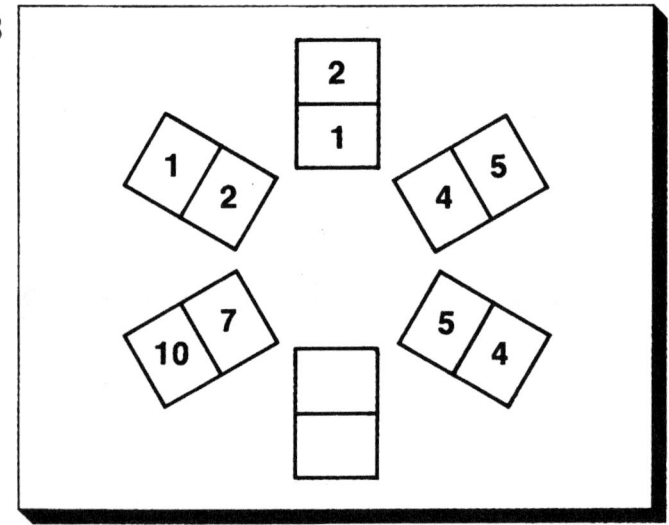

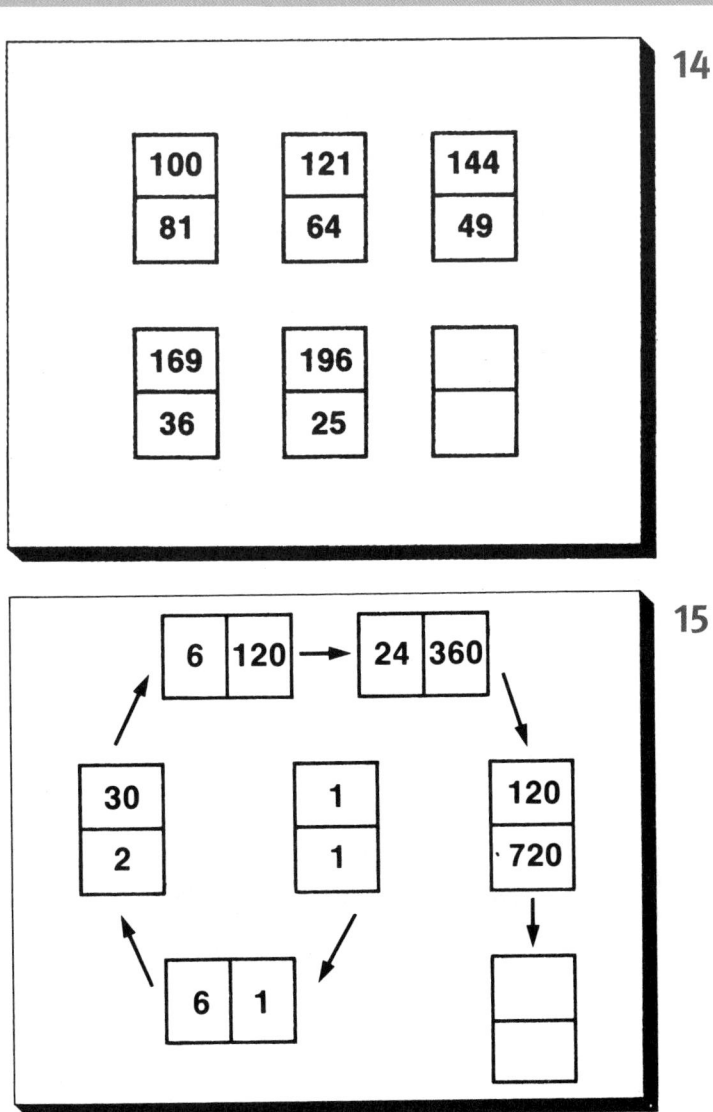

16

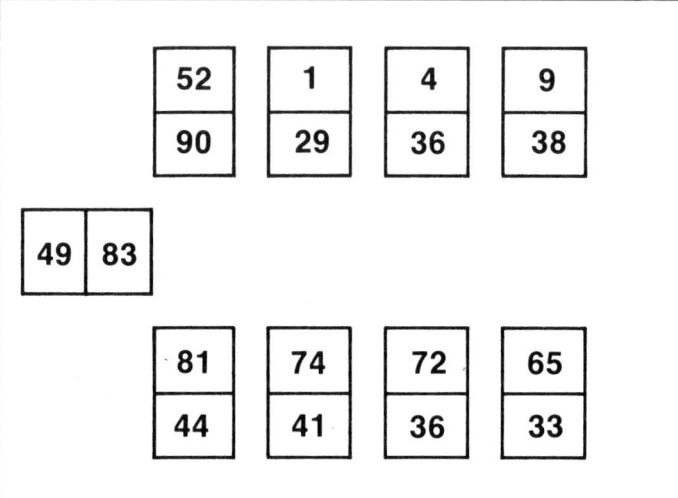

52	
90	

1	
29	

4	
36	

9	
38	

49	83

81	
44	

74	
41	

72	
36	

65	
33	

17

92	
34	

1	
125	

37	
67	

40	
56	

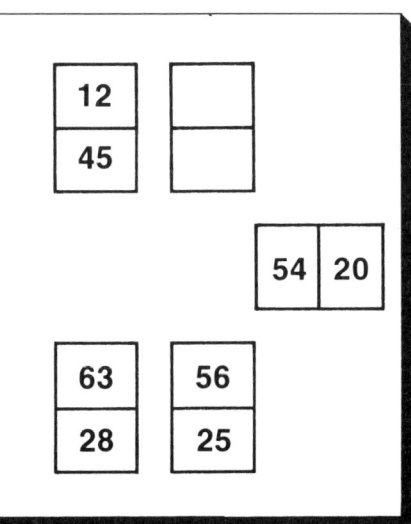

12
45

54	20

63
28

56
25

2
112

4
100

7
89

11
79

70	16

44
46

49
37

55
29

62
22

18

1800
720

300
120

60
24

15
6

5
2

19

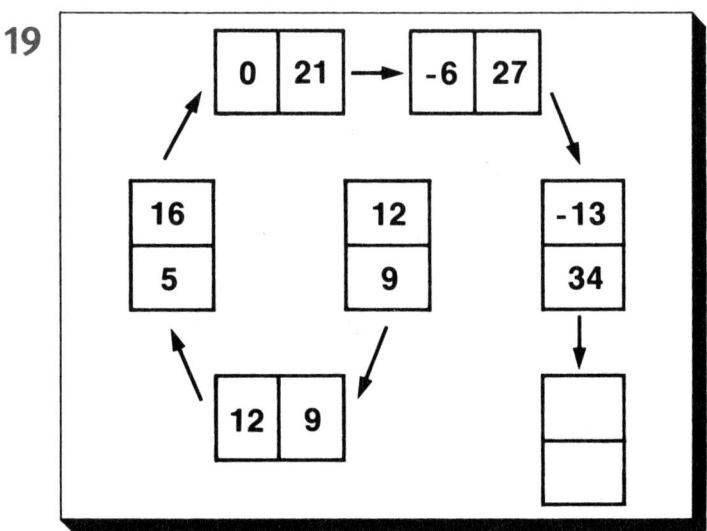

20

5760	576	72
1890	210	30

12	3	
6	2	

21

20	40	120
120	60	20

480	2400	
5	1	

22

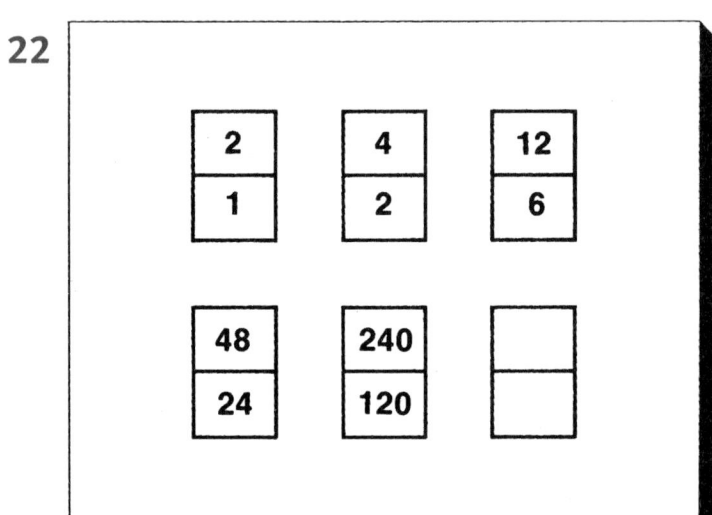

23

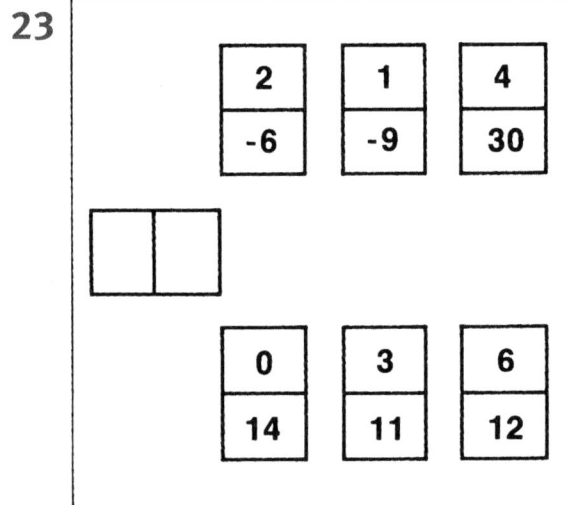

24

| $\frac{1}{32}$ | $\frac{2}{16}$ | $\frac{3}{8}$ |
| $\frac{4}{4}$ | $\frac{5}{2}$ | $\frac{6}{1}$ |

| $\frac{12}{2}$ | $\frac{10}{4}$ | |
| $\frac{6}{8}$ | $\frac{4}{10}$ | |

| 3 | 6 | 5 |
| 27 | 24 | 21 |

| 18 | 8 |

| 9 | 12 | 15 |
| 9 | 10 | 7 |

25

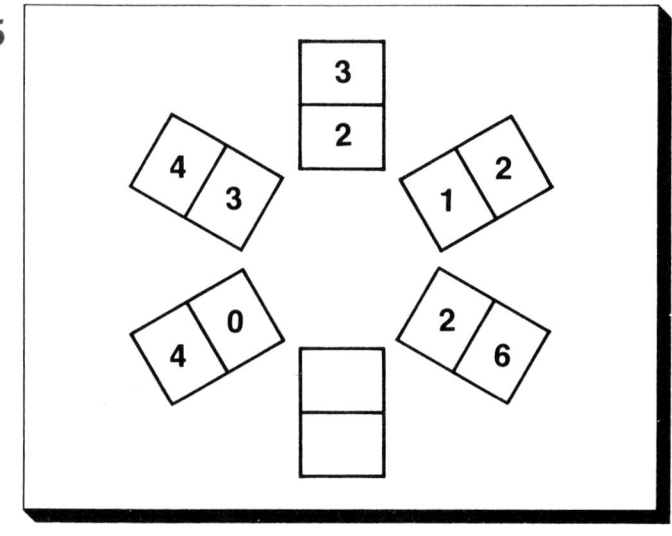

26

3		8		3
4		6		4

9	5

4				4
3				3

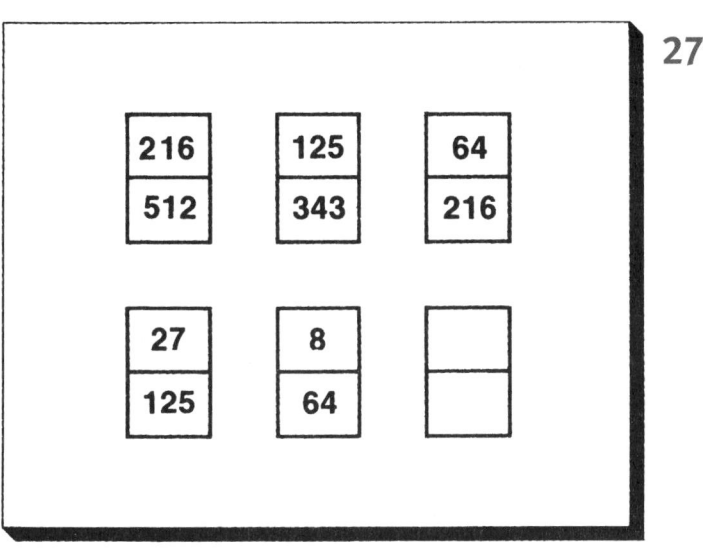

27

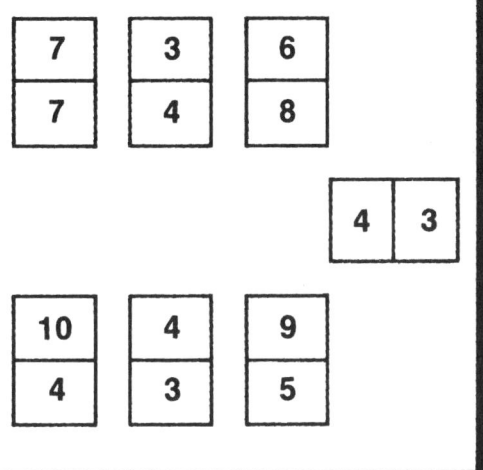

Die Lösungen
des Rechentests
finden Sie auf
Seite 108.

Punkteauswertung
der rechnerischen Intelligenz

Rechentest	
Einpunkt-Lösungen	**Zweipunkt-Lösungen**

Einpunkt-Lösungen

1	$\dfrac{1}{9}$
2	$\dfrac{2160}{1440}$
3	$\dfrac{3}{7}$
4	$\dfrac{5}{2}$
5	$\dfrac{16}{18}$
6	$\dfrac{20}{21}$
7	$\dfrac{45}{48}$
8	$\dfrac{1}{128}$
9	$\dfrac{2187}{729}$
10	$\dfrac{-8}{10}$
11	$\dfrac{2}{4}$
12	$\dfrac{6}{10}$
13	$\dfrac{10}{7}$
14	$\dfrac{225}{16}$

Zweipunkt-Lösungen

15	$\dfrac{720}{720}$
16	$\dfrac{17}{47}$
17	$79 \mid 35$
18	$\dfrac{2,5}{1}$
19	$\dfrac{-21}{42}$
20	$\dfrac{1,5}{2}$
21	$\dfrac{14400}{1/6}$
22	$\dfrac{1440}{720}$
23	$13 \mid -3$
24	$\dfrac{8/6}{2/12}$
25	$\dfrac{1}{5}$
26	$\dfrac{11}{3}$
27	$\dfrac{1}{27}$

In der Lösungstabelle sind die richtigen Lösungen eingezeichnet. Bis Aufgabe 14 erhalten Sie einen Punkt, wenn
Sie beide Zahlen richtig haben.

Die Aufgaben 15 bis 27 werden mit zwei Punkten bewer-
tet, wenn Sie beide Zahlen richtig haben. Für eine richtige
Zahl erhalten Sie einen Punkt.

Schreiben Sie bitte bei jeder richtigen Aufgabe Ihre Punkte
dazu. Zählen Sie jetzt die Anzahl Ihrer Kreuze zusammen.
Die Summe ergibt Ihre Punktzahl für die rechnerische
Intelligenz.

Ihre Punktsumme

In der Bewertungstabelle für die rechnerische Intelligenz
(Seite 144) können Sie unter Ihrer Punktzahl nachsehen,
wie gut Sie im Vergleich zu Personen Ihres Alters und Ihrer
Bildungsgruppe abgeschnitten haben. Sie erfahren außerdem, wieviel Prozent der Vergleichspersonen genauso gut,
besser oder schlechter sind als Sie.

Zeichnen Sie Ihr eigenes Intelligenzprofil

Übertragen Sie jetzt die Testergebnisse der vier Testgruppen (optische, praktische, sprachliche und rechnerische Intelligenz) in die IQ-Karte auf Seite 150. Links außen stehen die sechs Bewertungsstufen von „sehr gut" bis „sehr gering", die Sie aus den Bewertungstabellen bereits kennen. Wie Sie Ihre Testergebnisse in die IQ-Karte übertragen und Ihr Profil zeichnen, wird kurz an einem Beispiel erklärt.

Beispiel für ein Intelligenzprofil

Wenn Sie in der optischen Intelligenz sehr gut abgeschnitten haben, machen Sie auf der Linie bei der Reihe „optische Intelligenz" ein Kreuz. Wenn Sie in der praktischen Intelligenz überdurchschnittlich abgeschnitten haben, machen

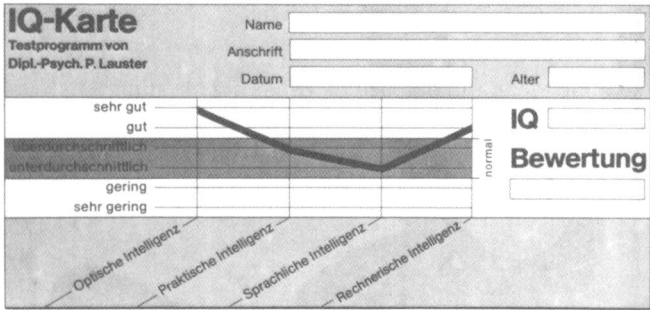

Sie in der zweiten Reihe in der Zeile „überdurchschnittlich" ein Kreuz.

Nach diesem Prinzip kreuzen Sie Ihre Testergebnisse an.
Wenn Sie Ihre Bewertungen auf der IQ-Karte eingetragen
haben, können Sie die Kreuze miteinander verbinden. So
erhalten Sie Ihr Intelligenzprofil, das Ihre intellektuellen
Stärken und Schwächen optisch deutlich zeigt.

Das Profil zeigt Ihren gegenwärtigen Leistungsstand im Vergleich zu anderen Personen Ihres Alters und Ihrer Bildungsstufe. Ihr Profil ist keine konstante Schicksalskurve, denn
Sie können jede der vier Intelligenzdimensionen durch
Training verbessern. Das Profil repräsentiert also nicht Ihre
endgültigen Intelligenzgrenzen.

Intelligenz im Beruf

Auf den folgenden Seiten finden Sie verschiedene Intelli-
genzprofile. Sie zeigen anschaulich, welche Intelligenzdimensionen für bestimmte Berufsrichtungen besonders
wichtig sind. Bedenken Sie bitte: Diese Profile repräsentie-
ren den Idealfall, der selten in reiner Ausprägung vorkommt.

Sie können Ihr eigenes Profil mit den verschiedenen Berufs-
profilen vergleichen. Dann können Sie abschätzen, für welche Arbeitsgebiete oder Positionen Sie die entsprechenden
Fähigkeiten hätten.

Schneiden Sie Ihre IQ-Karte auf Seite 150 aus, dann können Sie leichter vergleichen.

Verkauf (Außendienst)

Verkäufer müssen vor allem in der sprachlichen Intelligenz gut abschneiden. Sie sollen sich gewandt ausdrücken können und benötigen deshalb sprachliche Kreativität. Ein Verkäufer kann auch mit einem durchschnittlichen IQ erfolgreich sein, wenn er kontaktfähig ist und diplomatisches Verhandlungsgeschick besitzt.

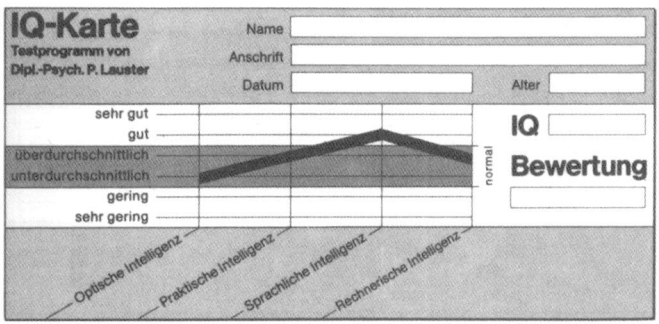

Werbung (Gestaltung)

Für den Bereich „optische Gestaltung" sollten vor allem die optische und praktische Intelligenz gut ausgeprägt sein. Im Bereich „Textgestaltung" muss die Profilspitze bei der sprachlichen Intelligenz liegen. Ein wichtiger Begabungsfaktor, der in diesem Testbuch nicht geprüft wurde, ist die Kreativität. Sie sollte überdurchschnittlich ausgeprägt sein.

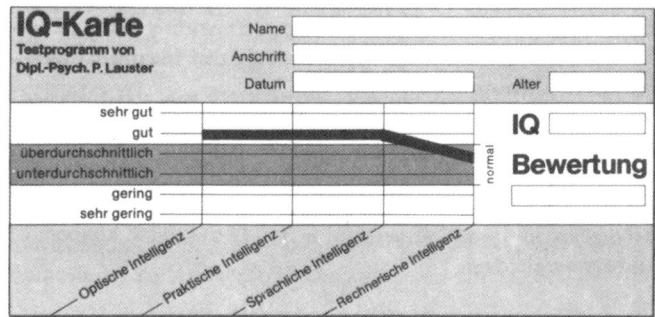

Kaufmännische und betriebswirtschaftliche Tätigkeit

Bei kaufmännischen Berufen sollten zwei Profilspitzen bestehen: sprachliche und rechnerische Intelligenz. Für Bankleute mit Kundenkontakt sind zusätzlich zwei Begabungen nötig, die mit Intelligenztests nicht geprüft werden können: Kontaktfähigkeit und Verhandlungsgeschick.

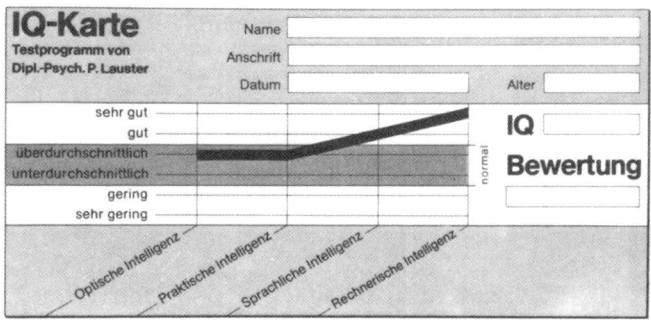

Lehrtätigkeit

Die Profilspitze sollte vor allem bei der sprachlichen Intelligenz bestehen, denn der Unterricht basiert auf verbaler Kommunikation. Neben einem IQ zwischen 110 und 130 sollte ein Lehrer vor allem folgende Eigenschaften besitzen: Kontaktfähigkeit, Kreativität und seelische Ausgeglichenheit.

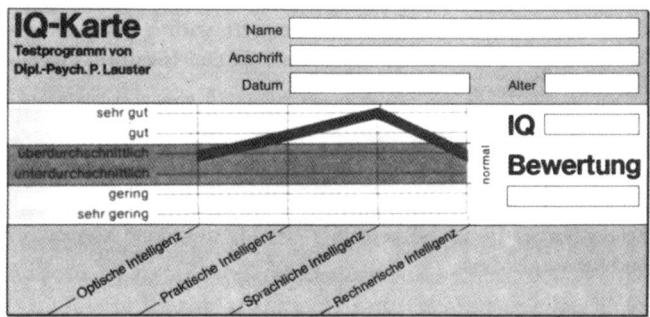

Entwicklung und Konstruktion

In diesem Tätigkeitsbereich arbeiten Ingenieure, Techniker, Konstrukteure, Chemiker, Physiker und Biologen. Sie müssen vor allem gute optische und sehr gute praktische Intelligenz besitzen. Das allein reicht jedoch nicht aus. Wichtig ist außerdem der Begabungsfaktor Kreativität.

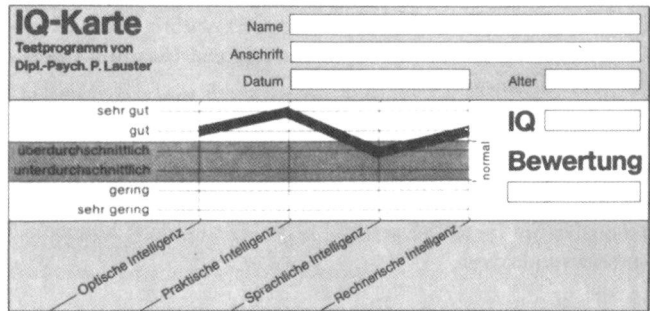

Forschung

Im Bereich Forschung arbeiten vor allem Naturwissen-schaftler: Mediziner, Biologen, Zoologen, Ingenieure, Physiker, Chemiker, Psychologen und Soziologen. Der IQ sollte zwischen 120 und 140 liegen. Vorteilhaft ist eine Profilspitze in der rechnerischen Intelligenz. Aber ein hoher IQ reicht nicht aus, wenn ein Wissenschaftler keine Kreativität besitzt.

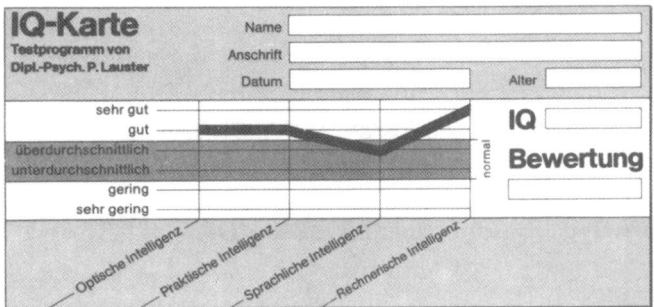

Sozialwesen

Zum Sozialwesen gehören folgende Berufe: Fürsorgerin, Krankenschwester, praktischer Arzt, Psychologe, Hebamme, Sonderschullehrer usw. In sozialberatenden Berufen sollte die sprachliche Intelligenz gut ausgeprägt sein. Bei Ärzten und Psychologen ist außerdem praktische Intelligenz erforderlich. Aber genauso wichtig ist eine gute Kontaktfähigkeit.

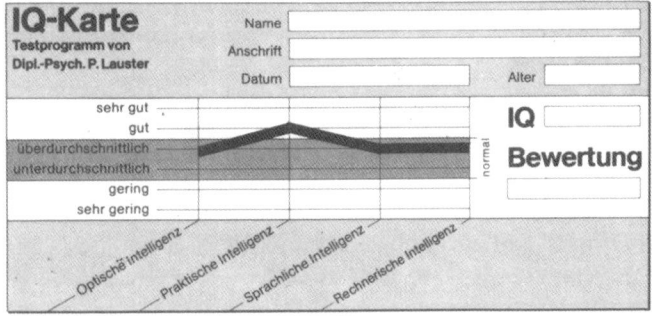

Handwerk

Zu diesem Tätigkeitsbereich gehören Elektriker, Schreiner, Schlosser, Automechaniker usw. Die Profilspitze sollte vor allem in der praktischen Intelligenz liegen.

In den einzelnen Tätigkeitsbereichen können verschiedene Positionen besetzt werden, z. B. Abteilungsleiter, Sachbearbeiter, wissenschaftlicher Mitarbeiter, Assistent.

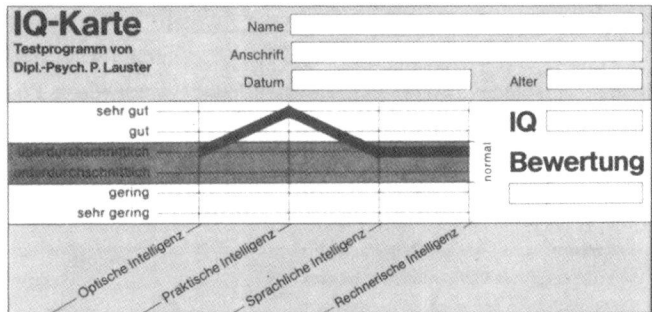

Zwei Positionen werden nach ihren psychologischen An-
forderungen in Idealprofilen dargestellt:

Führungsposition (Manager)

In Führungspositionen entscheidet über den Erfolg vor
allem gutes Verhandlungsgeschick. Deshalb sollte eine Profilspitze in der sprachlichen Intelligenz vorhanden sein.
Daneben sind jedoch viele andere Persönlichkeitseigenschaften wichtig: Kontaktfähigkeit, Belastbarkeit, Durch-
setzungsvermögen, Initiative und Leistungsmotivation.

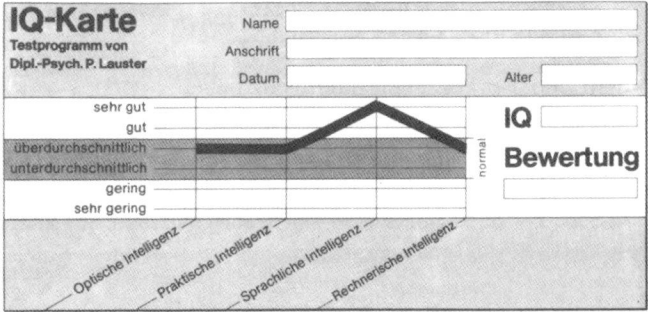

Sachbearbeiter

In dieser Position wird vor allem konzentriertes und flei-
ßiges Arbeiten verlangt. Der IQ sollte zwischen 100 und
120 liegen. Das Intelligenzprofil kann im Normalbereich
(graues Feld) schwanken.

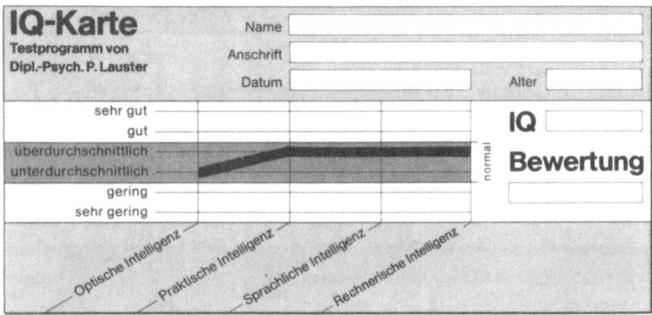

Zeigt Ihr Intelligenzprofil Karrierechancen?

Die Idealprofile zeigen optimale Intelligenzvoraussetzun-
gen. Wenn Ihr eigenes Profil mit einem der Berufsprofile
stark übereinstimmt, bedeutet das nicht, dass Sie in diesem
Arbeitsgebiet tatsächlich eine große Karriere machen, denn
der Erfolg hängt neben der Intelligenz noch von vielen
anderen psychischen und physischen Eigenschaften ab. Folgende Karrierefaktoren sind in unserer Leistungsgesell-
schaft besonders wichtig:

1. Führungstalent
2. Leistungsmotivation und Fleiß (Erfolgsstreben und das Bedürfnis, gute Arbeit zu leisten)
3. Belastbarkeit (Stressstabilität und seelische Ausgeglichenheit)
4. Vitalität (geistige und seelische Kraft)
5. Durchsetzungsfähigkeit
6. Kontaktfähigkeit
7. Initiative
8. Verhandlungsgeschick
9. Loyalität (Redlichkeit)
10. Beharrlichkeit, Ausdauer
11. Anpassungsfähigkeit
12. Optimismus

Wie Sie sehen, ist das eine lange Liste von Eigenschaften. Sie sind teilweise sogar wichtiger als ein hoher IQ. Wer die zwölf Eigenschaften besitzt, kommt auch mit einem IQ zwischen 90 und 100 zu beruflichem Erfolg.

In den Testbüros der Personalchefs und Personalberater werden Karriereeigenschaften mit Spezialtests erforscht. Dabei werden auch ganz andere Tests als in diesem Buch verwendet, z. B. der Rorschach-Test, der TAT, verschiedene Persönlichkeitsfragebogen, die Graphologie und das Tiefeninterview.

Eine exakte berufliche Erfolgsprognose kann von Psychologen erst erstellt werden, wenn sämtliche Persönlichkeitseigenschaften einer Person getestet worden sind.

Individuelle psychologische Beratung

Wenn Sie Ihr Intelligenzprofil schwer interpretieren können, weil es keine ausgeprägten Profilspitzen zeigt, können Sie Ihre IQ-Karte zur Beurteilung direkt an den Autor dieses Buchs einschicken.

Senden Sie auch Ihren handschriftlichen Lebenslauf für eine graphologische Beurteilung Ihrer Persönlichkeitseigenschaften. Schildern Sie bitte Ihren bisherigen schulischen und privaten Werdegang und beschreiben Sie Ihre Interessen und Schwierigkeiten.

Die individuelle psychologische Beratung kann natürlich nicht kostenlos ausgearbeitet werden. Eine Profilinterpretation und das graphologische Gutachten kosten insgesamt ca. 240 Euro. Dieser Preis erscheint Ihnen vielleicht hoch, aber bedenken Sie bitte, dass bereits die graphologische Analyse etwa 2–3 Stunden dauert. Ihre Unterlagen senden Sie an: Praxis für psychologische Diagnostik und Beratung, Dipl.-Psych. P. Lauster, Usambarastraße 2, 50733 Köln

Sie erhalten dann umgehend eine Auftragsbestätigung und anschließend
1. die psychologische Interpretation Ihres Intelligenzprofils,
2. ein graphologisches Persönlichkeitsgutachten.

Ihre Intelligenzdimensionen werden mit Ihrer Persönlichkeitsstruktur verglichen. Aus dieser Analyse können Hinweise für Ihre beruflichen Erfolgsmöglichkeiten abgeleitet werden.

Intelligenzforschung

Im folgenden Textteil erfahren Sie interessante wissen-
schaftliche Ergebnisse der internationalen Intelligenzforschung. Die Intelligenz entwickelt sich beispielsweise viel
früher, als man bisher annahm. Und bereits nach den
26. Lebensjahr nimmt sie wieder ab, wenn sie mit den
üblichen Intelligenztests gemessen wird.

Auf Seite 127 wird die wichtige Frage gestellt, ob Intelligenz angeboren ist oder durch Umweltfaktoren geprägt
wird. Zum Schluss erfahren Sie Informationen über die
Entwicklung und Struktur der kleinen grauen Gehirnzel-
len, von denen unsere Intelligenz abhängt.

Woher kommt der Name IQ?

In den Anfängen der Intelligenzforschung wurde das Intelligenzalter (jede Aufgabe entsprach einer bestimmten Alters-
stufe) durch das Lebensalter geteilt. Die Formel lautete:

$$IQ = \frac{IA \times 100}{LA} = \text{Maßzahl der Intelligenz}$$

IA = Intelligenzalter
LA = Lebensalter
Beispiel für einen zehnjährigen Jungen, der bereits die
Aufgaben für 11-jährige lösen konnte (deshalb IA = 11):

$$IQ = \frac{11 \times 100}{10} = 110$$

Dieser Intelligenz-Quotient gibt an, dass das Kind um 1 „Intelligenzjahr" seiner Altersgruppe (10 Jahre) voraus ist. Ein durchschnittlich entwickelter 10-jähriger hat also einen

$$IQ = \frac{10 \times 100}{10} = 100$$

In den modernen Intelligenztests wird der IQ anders berechnet. Er ist heute kein Quotient mehr, sondern eine statistische Vergleichszahl. Trotzdem wurde die Bezeichnung IQ aus Gewohnheit beibehalten. Heute wird bei der Aufstellung der IQ-Skala die „Normalverteilung" (siehe Seite 12) als Basis der Berechnung benutzt.

Die Intelligenz entwickelt sich sehr früh

Die Intelligenz entwickelt sich zu etwa 60 % vor dem Schuleintritt. Das stellte der englische Psychologe B. S. Bloom auf Grund vieler Testuntersuchungen fest. Blooms Ergebnisse sind die neuesten wissenschaftlichen Forschungsdaten.

So früh entwickelt sich die Intelligenz:

Alter	Intelligenz im Vergleich zu 17-jährigen
4 Jahre	50 %
8 Jahre	80 %
17 Jahre	100 %

Die Tabelle zeigt, dass das Elternhaus die Intelligenz mehr beeinflusst als die Schule. In der zweiten Grundschulklasse sind bereits 80 % der Intelligenzkapazität entwickelt. Für die Hauptschule oder das Gymnasium bleiben nur noch 20 % übrig.

Das zeigt deutlich, wie entscheidend eine Vorschule für die Intelligenzentwicklung ist. Deshalb erfüllen Förderprogramme und Vorschulspiele für 3- bis 6-jährige Kinder eine wichtige pädagogische Funktion: Sie geben Impulse zur Intelligenzentfaltung. Ist mit 17 Jahren die Intelligenzentwicklung endgültig abgeschlossen? – Nein. In anderen Tests (z. B. dem HAWIE, siehe Seite 138) wurde eine Intelligenzsteigerung bis zum 26. Lebensjahr festgestellt. In einer Untersuchung des amerikanischen Intelligenzforschers Miles erreicht der IQ mit 26 Lebensjahren die maximale Höhe und sinkt dann langsam ab.

Was bedeuten diese Ergebnisse? Bedeuten sie, dass man nach dem 17. oder 26. Lebensjahr für seine Intelligenz nichts mehr tun kann? Bedeuten sie, dass ein 17-jähriger junger Mann mit einem IQ von 85 (unterdurchschnittlich) keine gute Intelligenzhöhe (IQ von 120) mehr erreichen kann?

In der Praxis ist diese Steigerung sehr selten, weil keine entsprechenden Förderprogramme existieren. Mit 26 Jahren hat sich die Intelligenz im Vergleich zur Kindheit auch schon stark stabilisiert. Es bedarf deshalb intensiver Motivationen (Lernfreude), um den IQ nach dem 17. Lebensjahr noch erheblich zu steigern.

Entscheidend sind auch folgende Persönlichkeitseigenschaften: Ehrgeiz, Ausdauer, Leistungswille, Lernenergie und emotionales Gleichgewicht. Diese Eigenschaften sind für den Schul- und Studienerfolg sogar wichtiger als ein hoher IQ.

Nimmt die Intelligenz nach dem 26. Lebensjahr ab?

Die Grafik auf der nächsten Seite zeigt, dass die Intelligenz mit 26 Jahren ihren Höhepunkt erreicht und dann langsam absinkt. Das widerspricht der alten Weisheit des athenischen Staatsmanns Solon, der lehrte: „Sechsmal sieben der Jahre entwickeln die Denkkraft im Manne". Nach Solon wäre die Denkkraft also erst mit 42 Jahren voll ausgeprägt.

Der amerikanische Testpsychologe R. B. Cattell glaubt nicht, dass die Menschen nach 26 dümmer werden. Er hält jedoch die Grafik auf Seite 125 für zutreffend, denn der IQ sinkt tatsächlich, wenn er mit Intelligenztests, wie z. B. dem HAWIE (siehe Seite 138), gemessen wird. Das liegt an den Testaufgaben, die Flexibilität und schnelles Einstellen auf neue Testprobleme verlangen. Deshalb sinkt der IQ mit steigendem Alter.

Er steigt jedoch bei Testaufgaben, die Wortschatz, Allge-
meinwissen, Sprachverständnis oder Erfahrungswissen
prüfen.

Ein weiterer Bremsfaktor für die Älteren ist die Zeitbegrenzung. Wenn sie beseitigt wird, sinkt die Intelligenz nach
30 nicht ab, denn die Älteren denken zwar langsamer, aber
dafür exakter und sorgfältiger.

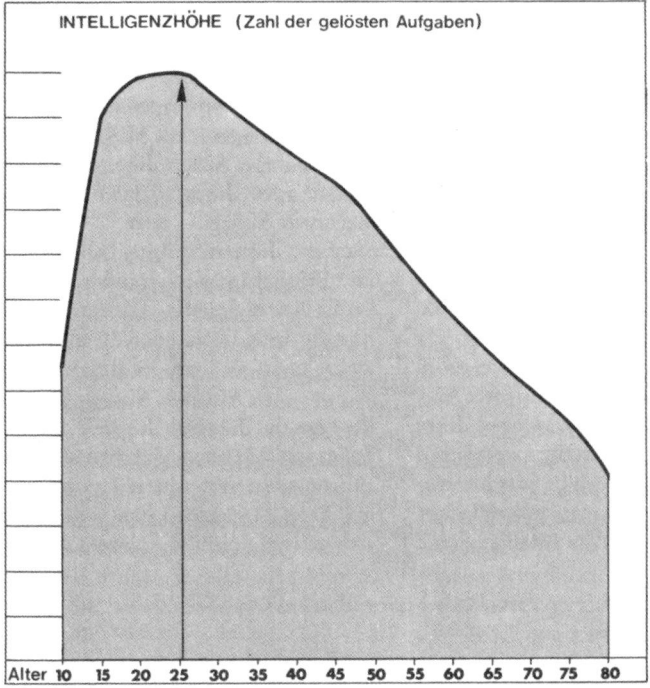

So steigt und sinkt die Intelligenz

Der Psychologe Vernon stellte fest, dass der IQ im Laufe des Lebens steigt, wenn im Beruf die verschiedenen Intelligenzfaktoren geübt werden. Ein Intelligenzabfall ist nach 30 vor allem dann zu erwarten, wenn der IQ mit 20 Jahren schon gering war und die Intelligenz nicht durch geistige Impulse angeregt wurde.

Sind Intelligenztests im Personalbüro sinnvoll?

Die meisten Intelligenztests taugen nur zur Auswahl von Personen bis zum 30. Lebensjahr. Deshalb sind Personalchefs schlecht beraten, wenn sie bei der Personalauswahl von Bewerbern zwischen 30 und 50 Jahren durch IQ-Tests die Spreu vom Weizen trennen wollen.

Für die Bildungs- und Studienberatung eignen sich Intelligenztests dagegen ausgezeichnet.

Bei Bewerbern über 35 Jahren sind andere psychische Faktoren entscheidend: Kreativität, Führungsqualitäten und praktische Erfahrung. Kreativität deshalb, weil mit zunehmendem Alter die Gefahr der Fixierung auf bestimmte Denkmethoden besteht.

Mit 40 in Pension?

Der englische Personalberater Sir Rhys Williams will Manager, die bis zum 40. oder 50. Lebensjahr keine leitende Position erreicht haben, in Pension schicken. Er ist der Ansicht: „Es bringt niemand etwas ein, wenn einer auch danach noch wie ein müdes Zirkuspferd seine alten Kunststücke zeigt."

Aufstiegschancen haben ältere Personen im Karrierekampf deshalb nur, weil sie neben Intelligenz vor allem eine gute Portion Beweglichkeit, Einfallsreichtum und Kreativität besitzen.

Ist Dummheit Schicksal?

Einige Psychologen, zum Beispiel Hans Jürgen Eysenck, Professor in London, sind der Ansicht, dass Intelligenz in hohem Maße angeboren oder erbbedingt ist. In seinem Buch „Rasse, Intelligenz und Bildung"* behauptet Eysenck, dass es zum Beispiel eine „angeborene Unterlegenheit" der farbigen Amerikaner gibt. Denn nur die untüchtigen Afrikaner hätten sich von den Sklavenhändlern einfangen lassen. Deshalb lebt, so Eysenck, in Amerika eine negative Auslese.

In Irland sei es umgekehrt: Nur die tüchtigen Iren seien nach Amerika ausgewandert, die untüchtigen zu Hause geblieben. Diese Untüchtigkeit schlägt sich nach Eysenck

* Maurice Temple Smith Ltd., London 1971.

noch heute in den Ergebnissen von Intelligenztests nieder. Es gibt in Amerika Wissenschaftler, zum Beispiel Professor Dr. Arthur R. Jensen (Berkeley University), die der Auffassung sind: Wer wenig Intelligenz geerbt hat, dem nützt auch keine optimale Ausbildung etwas – er bleibt trotzdem mittelmäßig.

Die Aussagen der Psychologen Eysenck und Jensen hatten wichtige politische Konsequenzen. Sie dienten als Rechtfertigung der Bildungsdeklassierung der Afro-Amerikaner. Und sie dienen in Deutschland als Ausrede für ein ungerechtes Schulsystem: Wer „dumm" ist (und das wird mit schlechten Schulnoten beurteilt), soll auf der Hauptschule bleiben. Die Möglichkeit der Intelligenzentfaltung auf einer Realschule oder einem Gymnasium wird mit dem Argument verworfen: „Dumm bleibt dumm, das ist vererbt. – Die können ja nichts dafür."

Wer in der Grundschule schlechte Noten hat, ist so gut wie verloren. Er hat kaum eine Chance, seine Intelligenz oder Begabung angemessen zu fördern, denn er wird im vierten Schuljahr vom Lehrer nicht für das Gymnasium empfohlen. Und die meisten Eltern verlassen sich auf die Entscheidung des Lehrers, ohne Einspruch zu erheben.

Wer in der Hauptschule bleiben muss, kann nur noch über den mühsamen zweiten Bildungsweg zu einer besseren Ausbildung kommen.

Richtige Schulung steigert den IQ

Haben die Vererbungspessimisten recht? Ich glaube nicht. Klugheit oder Dummheit sind kein unabänderliches Schicksal.

In Amerika hat 1946 eine Untersuchung des Wissenschaftlers B. G. Schmidt Aufsehen erregt. Er hat 254 Jungen und Mädchen zwischen 12 und 14 Jahren, deren IQ extrem gering war (im Durchschnitt 52), genau untersucht und drei Jahre lang trainiert. Das Ergebnis des Förderprogramms war überraschend: Der IQ war durchschnittlich um 40,7 Punkte gestiegen und lag nun bei 92. Auch die Schulleistungen stiegen, und 79 der Kinder konnten in normale Klassen versetzt werden; 27 Kinder absolvierten sogar mit Erfolg die „High School".

Dieses Resultat zeigt, dass mit entsprechenden Methoden auch gering intelligente Kinder (zum Beispiel aus sehr schlechten sozialen Verhältnissen) eine gute Ausbildung erreichen können. Gründliche Untersuchungen bewiesen, dass der Besuch einer höheren Schule den IQ in die Höhe treibt. Der amerikanische Psychologe H. H. Newman hat das an eineiigen Zwillingen nachgewiesen.

Er stellte fest, dass die Vererbung der Intelligenz keine starren Grenzen setzt. Zwischen erbgleichen Zwillingen bestand ein Intelligenzunterschied von 24 Punkten, weil einer der Zwillinge das College besuchen durfte. Der andere Zwilling war dagegen nur vier Jahre in der Schule. Das ist ein eklatanter Beweis, dass eine intensive Ausbildung für die Entwicklung der geistigen Anlagen entscheidend ist.

Ich bin der Ansicht, dass Intelligenz keine Laune der Vererbung ist.

Von wenigen Ausnahmen abgesehen (z. B. geistige Behinderung) bringen alle Menschen aller Rassen das gleiche geistige Rüstzeug für den Lernprozess mit.

Deshalb müssten theoretisch auch alle psychisch und physisch gesunden Menschen den gleichen IQ haben. Das ist in Wirklichkeit nicht der Fall, wie die prozentuale Verteilung der Intelligenz auf Seite 12 zeigt. Der Grund für diese Verteilung liegt darin, dass die Intelligenzentwicklung gebremst oder gefördert wird.

Viele wissenschaftlichen Untersuchungen haben gezeigt, dass vor allem vier Faktoren ausschlaggebend dafür sind, ob ein Kind klug wird oder dumm bleibt.

Was hemmt die Intelligenz?
1. Niederes soziales Milieu des Elternhauses.
2. Seelische und körperliche Krankheiten.
3. Liebloser und strafender Erziehungsstil der Eltern.
4. Strafender und gleichgültiger Erziehungsstil des Lehrers.

Was fördert die Intelligenz?
1. Höheres soziales Milieu des Elternhauses.
2. Seelische und körperliche Gesundheit.
3. Liebevoller und lobender Erziehungsstil der Eltern.
4. Lobender und fördernder Erziehungsstil des Lehrers.

Reiche Kinder haben Intelligenz-Vorteile

Kinder aus niederem sozialen Milieu haben eine weniger differenzierte Sprache als Kinder aus der Mittel- oder Oberschicht. Das hat die Schweizerin Alice Descoeudres nachgewiesen.

Reiche Kinder besitzen mehr sprachliche Kenntnisse:

Die sprachliche Entwicklung spielt bei der Intelligenzmessung eine bedeutende Rolle. In fast allen IQ-Tests schneiden sprachgeübte Personen besser ab als Sprachungeübte.

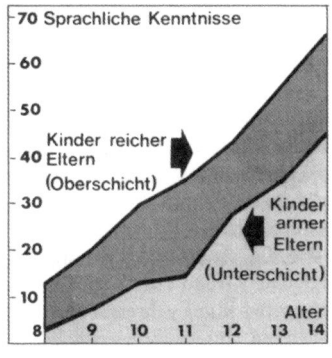

Die Vererbungstheoretiker ziehen voreilige Schlüsse, wenn sie sagen, dass Unterschichtkinder weniger Intelligenz geerbt hätten. In Wirklichkeit sind sie weniger sprachlich geübt. Sie haben im

Elternhaus zu wenig sprachliche Impulse und Anregungen erhalten.

Besitzen Männer mehr technische Intelligenz als Frauen?

In Russland wurde 1928 und 1931 eine große Zahl Jungen und Mädchen auf ihre technische Intelligenz untersucht. Die Ergebnisse zeigten, dass die Mädchen 1928, zu Beginn des Fünfjahresplanes, den Jungen technisch leicht unterlegen waren. Drei Jahre später war der Unterschied nur noch minimal.

Der Schweizer Testpsychologe Professor Richard Meili führt dieses Ergebnis auf den so genannten „polytechnischen Unterricht" zurück, der ohne Unterschied (für Jungen und Mädchen gleich) durchgeführt wurde, und er kommt zu der Schlussfolgerung: „Diese Resultate bedeuten, wenn sie sich weiter bestätigen, ein starkes Argument für die These der Umwelt- und Erziehungsbedingtheit gewisser psychischer Geschlechtsunterschiede."

Fazit: Der Intelligenz- oder Begabungsunterschied zwischen Frauen und Männern ist ein gesellschaftliches Phänomen, aber kein real existierender Unterschied.

In einer Idealgesellschaft müssten alle Bürger (also auch Kinder mit schlechten Schulnoten) die gleichen Möglichkeiten zur Entfaltung ihrer Intelligenz haben. Kinder mit schlechten Schulnoten benötigen andere pädagogische Methoden als die üblichen Lerntechniken. Die psychologische Forschung hat diese neuen Lerntechniken entdeckt, aber sie werden oft nicht praktiziert.

Schlechte Schüler werden also weiter benachteiligt. Im Vergleich zu dieser Idealgesellschaft sind wir auch im 21. Jahrhundert noch rückständige Barbaren.

Informations-Anhang

Intelligenz und Gehirn

Die Intelligenz sitzt im Gehirn. Es ist das komplizierteste und wunderbarste Stück Materie unseres Universums. Dieses kleine, geheimnisvolle Organ wiegt im Durchschnitt nicht mehr als 3 Pfund, und es vollbrachte die enormen Denkleistungen unserer Zivilisation. Durch das Gehirn und seine Intelligenz sind wir heute so weit, dass wir alles Leben auf der Erde durch entfesselte Atomkräfte ausrotten können.

Im Gehirn befinden sich 12 Milliarden Zellen. Sie liegen in einigen Gebieten so dicht beieinander, dass 100 Millionen auf 16 Quadratzentimetern Platz haben. Durch die Nervenzellen zucken elektrochemische Impulse mit einer Geschwindigkeit von 4 bis 300 Kilometern in der Stunde.

Die gesamte Länge der Schaltleitungen des Gehirns beträgt nach Schätzung der Hirnforscher 500 000 Kilometer. Das ist eine Leitung, die man mehr als zwölfmal um die Erde schlingen könnte – und das in unserer kleinen Schädelhöhle.

Der Durchmesser einer einzelnen Nervenfaser beträgt nur ein Hundertstel Millimeter. Das ganze Faserngeflecht ist mit sämtlichen Nervenzellen schon bei der Geburt vorhanden. – Und mehr kommt im Laufe des Lebens nicht hinzu.

Soll man das Denken den Pferden überlassen?

Die Wissenschaftler behaupten: Je mehr Nervenzellen ein Lebewesen hat, umso größer ist seine Intelligenz. Das Pferd hat zwar einen größeren Kopf als der Mensch, aber sein Gehirn wiegt nur etwa 500 Gramm. Deshalb sollte man das Denken nicht den Pferden überlassen, eher den Elefanten und Walen – sie haben ein sehr schweres Hirn (Elefanten bis 4500 Gramm).

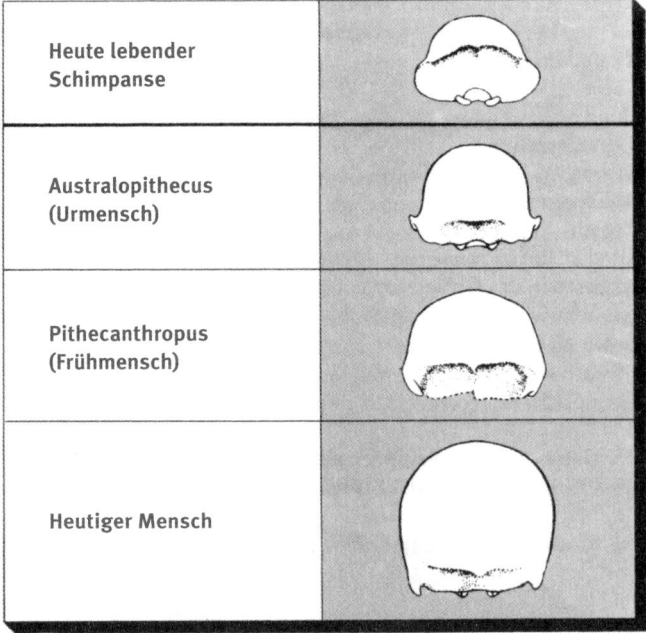

Heute lebender Schimpanse

Australopithecus (Urmensch)

Pithecanthropus (Frühmensch)

Heutiger Mensch

Nach Chicago University Press und British Museum

Entscheidend ist jedoch das Verhältnis vom Hirngewicht zum Körpergewicht. Beim Menschen wiegt das Gehirn etwa 1/40 des gesamten Körpergewichts, beim Elefant 1/560 vom Körpergewicht, beim Wal sogar nur 1/15 000. Die Hirnrinde des Menschen ist außerdem dicker als bei allen anderen Lebewesen. Wichtig ist auch die Größe des Stirnhirns im Vergleich zum Gesamthirn.

So groß ist das Stirnhirn bei diesen Lebewesen:

	vom Gesamthirn
Kaninchen	2,2 %
Katze	3,4 %
Hund	6,9 %
Kapuzineraffe	9,2 %
Gibbon	11,3 %
Schimpanse	16,9 %
Mensch	29,0 %

An der Entwicklung des Menschen kann man deutlich beobachten, wie das Gehirn mehr und mehr Platz beanspruchte und den Schädel in die Höhe trieb. (Der Schädel wurde immer von hinten gezeichnet.)

Der Gehirn-Atlas

Das Gehirn kann in Regionen eingeteilt werden, die für verschiedene Leistungen zuständig sind. Die Grafik zeigt einige wichtige Hirnbereiche. Die Gebiete, welche für geistige Leistungen zuständig sind, wurden weiß gelassen.

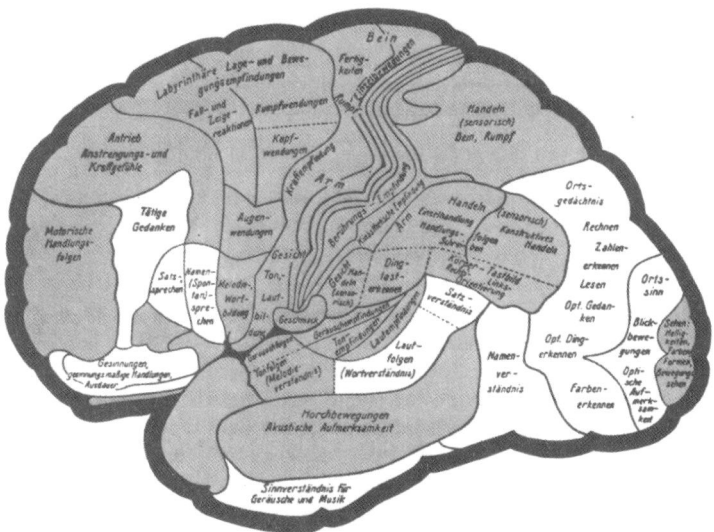

Nach einer Darstellung der Hirnforscher Brodmann und Rein.

Kann man die Intelligenz amputieren?

Bisher weiß niemand, wo sich im Gehirn die Intelligenz exakt befindet. Es wurde zum Beispiel ein bohnenförmiges Organ entdeckt (es heißt Hippokampus), das für das Gedächtnis zuständig ist.

Wenn bei einer Operation dieses Organ weggeschnitten wird, hat der Patient ein gestörtes Erinnerungsvermögen. Alle neuen Erlebnisse bleiben nur für Augenblicke im Gedächtnis. Der Patient ist dadurch in seiner Intelligenz empfindlich beeinträchtigt, denn mitten in einem Problem hat er vergessen, worum es eigentlich geht.

Wenn eine Hirnregion durch einen Unfall oder eine Operation zerstört wird, sind die Folgen sehr unangenehm, weil die Nervenzellen nicht mehr nachwachsen.

Es gibt zum Beispiel ein Hirnfeld für optisches Erinnerungsvermögen. Wird es zerstört, so sieht der Patient ganz normal, beispielsweise einen Schlüssel. Er weiß jedoch nicht, dass es ein Schlüssel ist. Er sieht nur neutrale Formen und Farben.

Das kann man sich schwer vorstellen: Im Gehirn ist die Welt gespeichert. – Wir können nur verstehen und begreifen, was einmal ins Gehirn hineingelernt wurde. Durch die Zerstörung von Nervenzellen wird der Lernstoff gelöscht und dadurch ein Stück Intelligenz und Denkvermögen amputiert.

Die sieben bekanntesten Intelligenztests

Die folgenden Tests wurden nur für die Hand des Psychologen entwickelt. Sie dürfen auch nur an Psychologen verkauft werden.

1. Hamburg-Wechsler-Intelligenztest für Erwachsene (HAWIE). Dieser Test ist die deutsche Bearbeitung und Standardisierung des Wechsler-Bellevue Adult Intelligence Scale von 1939. Der deutsche Textband „Die Messung der Intelligenz Erwachsener" erschien 1956 im Verlag Hans Huber, Bern und Stuttgart.

2. Intelligenz-Struktur-Test (IST). Dieser Test ist 1953 von R. Amthauer im Verlag für Psychologie Dr. C. J. Hogrefe, Göttingen, veröffentlicht worden.

3. Analytischer Intelligenztest (AIT). Dieser deutsche Test wurde von R. Meili entwickelt und ist 1966 im Verlag Hans Huber, Bern und Stuttgart, erschienen.

4. Leistungsprüfsystem (LPS). Dieser deutsche Test wurde von W. Horn entwickelt und ist 1962 im Verlag Dr. C. J. Hogrefe, Göttingen, erschienen.

5. Stanford-Intelligenz-Test. Dieser amerikanische Test wurde von H. R. Lückert für Deutschland bearbeitet und ist 1957 im Verlag Dr. C. J. Hogrefe, Göttingen, erschienen.

6. Progressive Matrices. Dieser englische Test wurde erstmals 1938 von J. C. Raves bei H. K. Lewis Co. Ltd., London, veröffentlicht.

7. Figure Reasoning Test. Dieser englische Test wurde von J. C. Daniels entwickelt und ist 1949 bei Crosby Lockwood Son Ltd., London, erschienen.

Bewertungstabellen

Auf diesen Bewertungstabellen für die vier Testgruppen erfahren Sie, wie gut Sie abgeschnitten haben. Sie sagen Ihnen auch, wie viele Personen (in Prozent) besser oder schlechter sind als Sie. Beispiel: Wenn Sie die erste Testgruppe gemacht haben, berechnen Sie zuerst Ihre Punkte im Buch. Anschließend schauen Sie in der Tabelle für die „Optische Intelligenz" unter Ihrer Altersgruppe* nach, welche Bewertung Ihre erzielten Punkte ergeben. Kreuzen Sie Ihre Bewertung an, dann müssen Sie nicht erneut nachschlagen, wenn Sie alle vier Bewertungen in die IQ-Karte (siehe Seite 150) übertragen.

Die Vergleichspersonen der Altersgruppe 14–16 Jahre sind Haupt- und Realschüler.

Die Vergleichspersonen der Altersgruppe 17–21 Jahre sind gemischt: Personen mit Berufsschulabschluss, Realschüler, Gymnasiasten und Abiturienten.

Die Vergleichspersonen der Altersgruppe 22–27 Jahre sind Studenten. Die Altersgruppe 22–30 Jahre besteht wieder aus einer gemischten Bildungsgruppe, ebenso die Altersgruppe über 30 Jahre.

* Neben der Zugehörigkeit zu einer bestimmten Altersgruppe spielt auch das Bildungsniveau eine Rolle.

Testgruppe 1
Optische Intelligenz
Seite 20 – 44

14–16 Jahre (Haupt- und Realschüler) Punkte	17–21 Jahre (gemischt) Punkte	22–27 Jahre (Studenten) Punkte	22–30 Jahre (gemischt) Punkte	über 30 Jahre (gemischt) Punkte	Berwertung der optischen Intelligenz	Bitte ankreuzen	Prozentuale Verteilung der Bewertungen
37–43	39–43	42–43	40–43	39–43	sehr gut		4,0%
32–36	35–38	39–41	35–39	34–38	gut		13,0%
23–31	26–34	35–38	30–34	29–33	überdurchschnittlich		33,5%
14–22	15–25	28–34	22–29	21–28	unterdurchschnittlich		32,5%
10–13	10–14	25–27	10–21	9–20	gering		14,5%
0–9	0–9	0–24	0–9	0–8	sehr gering		2,5%

Testgruppe 2
Praktische Intelligenz
Seite 45 – 68

14–16 Jahre (Haupt- und Realschüler) Punkte	17–21 Jahre (gemischt) Punkte	22–27 Jahre (Studenten) Punkte	22–30 Jahre (gemischt) Punkte	über 30 Jahre (gemischt) Punkte	Berwertung der optischen Intelligenz	Bitte ankreuzen	Prozentuale Verteilung der Bewertungen
33–41	39–41	39–41	39–41	37–41	sehr gut		5,5 %
22–32	33–38	37–38	33–38	32–36	gut		12,5 %
13–21	24–32	31–36	27–32	26–31	überdurchschnittlich		33,5 %
4–12	17–23	23–30	18–26	16–25	unterdurchschnittlich		30,5 %
2– 3	3–16	7–22	9–17	8–15	gering		12,5 %
0– 1	0– 2	0– 6	0– 8	0– 7	sehr gering		5,5 %

Testgruppe 3
Sprachliche Intelligenz
Seite 69 – 89

14–16 Jahre (Haupt- und Realschüler) Punkte	17–21 Jahre (gemischt) Punkte	22–27 Jahre (Studenten) Punkte	22–30 Jahre (gemischt) Punkte	über 30 Jahre (gemischt) Punkte	Berwertung der optischen Intelligenz	Bitte ankreuzen	Prozentuale Verteilung der Bewertungen
35–40	35–40	38–40	36–40	38–40	sehr gut		4,0%
31–34	36	36–37	35	36–37	gut		12,0%
21–30	30–33	32–35	31–34	32–35	überdurch-schnittlich		36,0%
10–20	21–29	28–31	22–30	26–31	unterdurch-schnittlich		35,5%
3– 9	9–20	26–27	12–21	19–25	gering		10,0%
0– 2	0– 8	0–25	0–11	0–18	sehr gering		2,5%

Testgruppe 4
Rechnerische Intelligenz
Seite 90 – 109

14–16 Jahre (Haupt- und Realschüler) Punkte	17–21 Jahre (gemischt) Punkte	22–27 Jahre (Studenten) Punkte	22–30 Jahre (gemischt) Punkte	über 30 Jahre (gemischt) Punkte	Berwertung der optischen Intelligenz	Bitte ankreuzen	Prozentuale Verteilung der Bewertungen
36–40	38–40	40	39–40	38–40	sehr gut		6,0%
31–35	34–37	38–39	35–38	34–37	gut		11,5%
19–30	27–33	32–37	31–34	28–33	überdurchschnittlich		31,0%
10–18	16–26	24–31	20–30	18–27	unterdurchschnittlich		33,5%
5– 9	9–15	17–23	11–19	11–17	gering		14,5%
0– 4	0– 8	0–16	0–10	0–10	sehr gering		3,5%

IQ-Tabelle

Ermitteln Sie Ihren IQ

Zählen Sie Ihre erreichten Punkte in allen vier Testgruppen zusammen. Ihre **Punktesumme** finden Sie in der IQ-Tabelle unter Ihrer Alters- oder Bildungsgruppe. Rechts können Sie dann Ihren IQ ablesen. Die Bewertung sagt Ihnen, wie hoch Ihr IQ ist.

14–16 Jahre (Hauptschule) Punkte	17–21 Jahre (gemischt) Punkte	22–27 Jahre (Studenten)* Punkte	22–30 Jahre (gemischt) Punkte	
158–164	159–164	160–164	160–164	
152–157	153–158	154–159	154–159	
145–151	148–152	151–153	151–153	
138–144	143–147	148–150	148–150	
135–137	140–142	146–147	146–147	
132–134	138–139	142–145	142–145	
129–131	136–137	139–141	139–141	
126–128	134–135	137–138	137–138	
123–125	132–133	134–136	134–136	
120–122	129–131	131–133	131–133	
119	128	130	130	
117–118	126–127	129	129	
115–116	124–125	128	128	
113–114	123	127	127	
111–112	121–122	126	126	
109–110	119–120	124–125	124–125	
103–108	115–118	123	123	
97–102	112–114	121–122	121–122	
92–96	109–111	119–120	119–120	
87–93	106–108	117–118	117–118	
81–86	103–105	115–116	114–116	
76–80	99–102	113–114	113–114	
70–75	95–98	107–112	107–112	
65–69	92–94	104–106	104–106	
59–64	89–91	101–103	101–103	
53–58	86–88	98–100	98–100	
48–52	83–85	95–97	95–97	
43–47	80–82	92–94	92–94	
40–42	77–97	88–91	88–94	
37–39	74–76	84–87	84–87	
34–36	71–73	83–83	81–83	
31–33	68–70	77–80	77–80	
28–30	65–67	72–76	72–76	
25–27	62–64	67–71	67–71	
24	56–61	62–66	62–66	
23	50–55	58–61	58–61	
22	45–49	54–57	54–57	
21	40–44	50–53	50–53	
20	35–39	45–49	45–49	
19	30–34	40–44	40–44	
13–18	21–29	27–39	27–39	
7–12	11–20	14–26	14–26	
0–6	0–10	0–13	0–13	

über 30 Jahre (gemischt) Punkte	IQ	Bewertung des IQ	Prozentuale Verteilung der Bewertungen
160–164	155	extrem hoch	0,50 %
155–159	152,5		
150–154	150		
146–149	147,5		
143–145	145	sehr hoch	4,38 %
140–142	142,5		
137–139	140		
135–136	137,5		
132–134	135		
129–131	132,5		
128	130	hoch	12,25 %
127	127,5		
126	125		
125	122,5		
124	120		
122–123	117,5		
121	115	überdurch-schnittlich	33,50 %
119–120	112,5		
117–118	110		
115–116	107,5		
113–114	105		
111–112	102,5		
107–110	100	Durchschnitt	
103–106	97,5	unterdurch-schnittlich	33,00 %
99–102	95		
95–98	92,5		
91–94	90		
87–90	87,5		
83–86	85	gering	12,87 %
80–82	82,5		
76–79	80		
72–75	77,5		
69–71	75		
65–68	72,5		
60–64	70	sehr gering	3,00 %
56–59	67,5		
51–55	65		
47–50	62,5		
43–46	60		
38–42	57,5		
26–37	55	extrem niedrig	0,50 %
13–25	52,5		
0–12	50		

* Studenten werden hier mit der gemischten Bildungsstufe verglichen, weil ein spezieller IQ für sie nicht üblich ist.

Fachliteratur

Correll, Werner: Lernpsychlogie. Donauwörth:
    Verlag L. Auer

Deutscher Bildungsrat: Begabung und Lernen.
    Stuttgart: Ernst Klett

Hiltmann, Hildegard: Kompendium der
    psychodiagnostischen Tests. Berlin: Verlag H. Huber

Jäger, Adolf Otto: Dimensionen der Intelligenz.
    Göttingen-Verlag Dr. C. J. Hogrefe

Lauster, Peter: Der Begabungstest. München: Econ-Verlag

Lauster, Peter: Berufswahl. München: Econ-Verlag

Lauster, Peter: Persönlichkeit. München: Econ-Verlag

Lauster, Peter: Menschenkenntnis. München: Econ-Verlag

Marfeld, A. F.: Kybernetik des Gehirns. Berlin: Safari-
    Verlag

Meili, Richard: Lehrbuch der psychologischen Diagnostik
    Berlin: Verlag H. Huber

Ott, Ernst: Optimales Denken. Stuttgart:
    Deutsche Verlags-Anstalt

Rohracher, Hubert: Einführung in die Psychologie.
    München u. Wien: Verlag Urban & Schwarzenberg

Roth, Heinrich: Pädagogische Psychologie.
    Hannover: Hermann Schroedel Verlag

Anregungsnachweis

Anregungen für die Entwicklung der einzelnen Tests in diesem Buch stammen von folgenden wissenschaftlichen Testverfahren und Autoren: Figurentest: Figure Reasoning Test von J. C. Daniels und Progressive Metrices von J. C. Raven. Symboltest: WIT (Wilde-Intelligenz-Test). Formtest: Figuren von Rybakoff. Zuordnungstest: Anregungen durch J. P. Guilford und A. O. Jäger. Satztest: Anregung durch A. F. Hertzka, J. P. Guilford und A. O. Jäger. Rechentest: Test D48 des Centre Psychologie Appliquée.

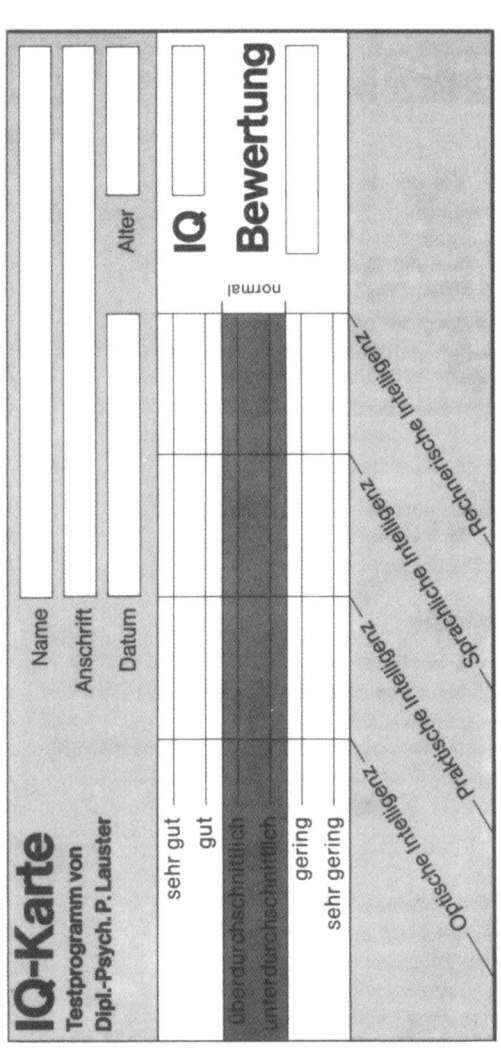

IQ-Karte

Testprogramm von
Dipl.-Psych. P. Lauster

Name

Anschrift

Datum

Alter

IQ

Bewertung

normal

sehr gut

gut

überdurchschnittlich

unterdurchschnittlich

gering

sehr gering

Rechnerische Intelligenz

Sprachliche Intelligenz

Praktische Intelligenz

Optische Intelligenz